Rechtsfragen des deutschen Denkmalschutzes.

Von

Arthur B. Schmidt.

Sonderabdruck aus der Festschrift für Dr. Rudolph Sohm.

München und Leipzig.
Verlag von Duncker & Humblot.
1914.

Rechtsfragen des deutschen Denkmalschutzes.

Von

Arthur B. Schmidt.

Inhaltsverzeichnis.

	Seite
Einleitung	145
I. Bezeichnung	146
II. Rechtsquellen	148
III. Gegenstand des Schutzes	158
IV. Rechtliche Natur des Schutzes	170
V. Beschränkung des Eigentums:	
1. Im allgemeinen	176
2. Die Beschränkungen im einzelnen	179
3. Die Klassierung	187
VI. Interessenabwägung und Entschädigung:	
1. Interessenabwägung	191
2. Entschädigung	194

DER Erwerb von Neuland bedeutet für jedes Gebiet — geistiges wie wirtschaftliches — stets ein Zeichen siegesfrohen Fortschritts. Auch der Jurist der Gegenwart hat an Neuland seinen reichen Teil erhalten. Seine Neuerwerbungen sind um so fesselnder, als sie nicht nur dem vorwärts drängenden Zuge unserer Zeit folgen, sondern rückwärts blickend Güter zu erhalten suchen, die durch die übermächtigen Bildungen der Gegenwart bedroht erscheinen. Soll ich es konkreter ausdrücken, so stellt uns auf der einen Seite die rastlose technische Entwicklung unserer Zeit vor immer neue juristische Aufgaben. Es braucht als Beispiel nur an die Verwertung der elektrischen Kraft und an den Ausbau neuer Verkehrsmittel erinnert zu werden. Auf der anderen Seite — und diesem Gebiete gilt unsere Untersuchung — steht das Gegenspiel dieses Fortschritts, das Ergebnis eines konservativen Gegengewichtes gegen das Hasten der Gegenwart. Wir fühlen, daß wir den geschichtlich gewachsenen Boden und damit einen guten Teil unserer Eigenart verlieren würden, wenn wir den Interessen des Tages rückhaltlos das Feld räumen, nur ihnen den mächtigen Schutz des Rechts verleihen wollten. So treten neben die neuen Rechtsaufgaben, die die vorwärts strebende Entwicklung der Gegenwart stellt, die mehr retardierenden Rechtsaufgaben, die in den Worten »Denkmalpflege« und »Heimatschutz« ihren Ausdruck finden.

Für den Vertreter des deutschen Rechts besitzen beide Worte einen besonderen Klang. Gilt der Schutz doch den Zeugen unserer nationalen Vergangenheit, die der Germanist als Rechtsquellen unserer deutschen Rechtsgeschichte, als »Rechtsquellen im weiteren Sinne« betrachtet[1], — neben ihnen dem heimatlichen Bilde unserer Landschaft und der Eigenart unseres deutschen Volkslebens. Außer diesem allgemeinen fachwissenschaftlichen Interesse verbindet den Verfasser mit dem Rechte des Denkmalschutzes ein starkes persönliches Band, das Band der Mitarbeit an dem ersten größeren deutschen Gesetzeswerke auf dem Gebiete des Denkmalschutzes: dem hessischen Gesetze vom 16. Juli 1902[2].

---

[1] H. Brunner, Deutsche Rechtsgeschichte I² S. 11.
[2] Vgl. die Referate des Verfassers als Berichterstatters des 2. Ausschusses in den Verhandlungen der I. Kammer der hessischen Landstände, 31. Landtag 1900

Was die nachfolgenden Ausführungen bieten, sind Werkstücke aus einem größeren Studienkreise. Es soll an dieser Stelle nur eine Reihe juristischer Gedanken festgelegt werden, darunter vor allem derjenigen, die das bürgerliche Recht berühren. Gerade sie treten in der Literatur hinter den kunstwissenschaftlichen Fragen und hinter den verwaltungstechnischen Einzelheiten vielfach zurück[3]. Bei der Verwertung des Quellenmaterials zieht Verfasser auch die kleineren Gebiete eingehender heran. Nur so kann der gegenwärtige Stand der gesetzgeberischen Behandlung des Denkmalschutzes klar erkannt werden. Daß der Partikularismus in der deutschen Rechtsentwicklung auch gute Seiten haben kann, zeigt sich deutlich auf dem Gebiete der Denkmalpflege. Die führende Rolle ist hier bisher nicht ausschließlich der Gesetzgebung der großen Einzelstaaten zugefallen. Vielmehr sind es gerade kleinere Territorien, die sich der Lösung des Problems lebhafter zugewendet und in ihrem Denkmalrecht wertvolle Winke für eine gesetzgeberische Gestaltung geliefert haben.

I. Bezeichnung.

Bei dem Worte »Denkmalschutz«, »Denkmalpflege« denken wir heute kaum noch daran, daß wir es mit einer Neubildung zu tun haben, die wenig über drei Jahrzehnte zurückliegt. Mit dieser Bezeichnung faßte man alle diejenigen Bestrebungen zusammen, die sich auf »die Erhaltung der Zeugen unserer Vergangenheit« richteten. Es läßt sich darüber streiten, ob die Bezeichnung glücklich gewählt war. Jedenfalls deckte sie bereits bei ihrer Entstehung nicht vollständig das Gebiet, das sie umfassen wollte. Seitdem hat die Ausdehnung, die die Bewegung genommen hat, den Ausdruck »Denkmalschutz« mehr und mehr überholt. Es ist jedoch schwer, einen einheitlichen terminus technicus zu finden, der alle diese Bestrebungen in ihrem jetzigen Umfange deckt. Wohl

---

bis 1903, Beilage Nr. 202 und Nr. 213, sowie die Ausführungen im Plenum im Protokoll 18 der I. Kammer vom 29. April 1902 (S. 180 ff.).

[3] Die juristische Seite der Fragen betonen bisher zusammenfassend in stärkerem Maße nur Karl Heyer, Denkmalpflege und Heimatschutz im deutschen Recht (Berlin 1902), Heinr. Giesker (u. Anm. 4) und F. W. Bredt, Die Heimatschutzgesetzgebung der deutschen Bundesstaaten (Düsseldorf 1912). Vgl. hierfür ferner C. A. Wieland (u. Anm. 6), Jos. Kohler in DJZ. 1904, Sp. 771 ff. und H. Lezius (vgl. u. Anm. 7); auch Roderich Stintzing, Heimatschutz durch Eingriff in den Rechtskreis Privater (Jenaer Diss. 1910).

ist der Versuch unternommen worden, der Bezeichnung »Heimatschutz«[4] eine solche umfassendere Bedeutung zu geben und sie damit zum Gesamtausdruck zu machen. Bei der Bildung des Wortes »Heimatschutz« hatte man aber nicht den weiten Kreis im Auge, den man jetzt damit umfassen will. Vielmehr verstand man darunter stets nur ein Sonderziel: die Erhaltung des mit dem Heimatgefühl der Bewohner verwachsenen überlieferten Gepräges unserer Niederlassungen und Landschaft, verbunden mit den überkommenen Zügen des Lebens unseres Volkes und der heimischen Natur[5]. Besteht hierin nach eingelebtem Sprachgebrauch Wesen und Aufgabe des »Heimatschutzes«, so begegnen einem Wechsel in der Verwendung des Ausdrucks Schwierigkeiten, die größer sind als der mit der Änderung erzielte Gewinn. Wir sind deshalb vor die Wahl gestellt, die älteren Bezeichnungen »Denkmalpflege« und »Denkmalschutz« als diejenigen Ausdrücke, von denen die Bewegung ihren Anfang genommen hat, beizubehalten und ihnen im Einklang mit den inzwischen eingetretenen Fortschritten einen weiteren Inhalt zu geben, oder (wie dies Wieland, Weber, Heyer und C. Fuchs getan haben)[6] die Ausdrücke »Denkmalschutz« und »Heimatschutz« als technische Sonderausdrücke nebeneinander zu stellen. Eine solche Nebeneinanderstellung ist dann berechtigt, wenn man damit auf die Mannigfaltigkeit der Gestaltung hinweisen, zugleich beide Begriffe inhaltlich gegeneinander abgrenzen will. Ist dies nicht der Fall, so handeln wir nicht unrichtig, wenn wir in der juristischen Literatur die Ausdrücke »Denkmalpflege«, »Denkmalrecht«, »Denkmalschutz« als kürzere technische Gesamtausdrücke verwenden[7]. Wir müssen uns dabei nur

---

[4] Heinr. Giesker, Der rechtliche Heimatschutz in der Schweiz; Darstellung des Denkmalschutzes, Kunstschutzes im engeren Sinne unter Berücksichtigung der Geschichte und des Auslandes (Züricher Diss. 1910).

[5] Vgl. für die Wortbildung »Heimatschutz« den Aufsatz von Rudorff im Jahrg. 1897 des »Grenzboten«. — Unter den Begriff »Heimatschutz« werden außerdem diejenigen Bestrebungen gestellt, die dahin gehen, moderne Einrichtungen möglichst schonend den örtlichen Eigentümlichkeiten einzufügen.

[6] C. A. Wieland, Der Denkmal- und Heimatschutz in der Gesetzgebung der Gegenwart, Baseler Rektoratsprogramm 1905, Paul Weber, Denkmalpflege und Heimatschutz in der Gesetzgebung der Gegenwart (Jena 1908), Carl Joh. Fuchs im Handbuch der Politik [2] Bd. III S. 160 ff., K. Heyer a. a. O.

[7] Auch Lezius, Das Recht der Denkmalpflege in Preußen (Berlin 1908, s. auch WB. d. deutsch. St. u. VR. [2] Bd. I S. 554 ff.) und Martin Wolff (bei Enneccerus-Kipp-Wolff, Lehrbuch des bürg. R. II, I$^{6-8}$ § 52 Anm. 11) verwenden den Ausdruck »Denkmalpflege« in dieser allgemeinen Bedeutung.

bewußt bleiben, daß wir beide Bezeichnungen in einem engeren und in einem weiteren Sinne zu verstehen haben. Im engeren Sinne sind es lediglich Gegenstände mit **geschichtlichem** Interesse [8], die von dem Schutze ergriffen werden, somit Objekte, die als Repräsentanten der Vergangenheit für uns Bedeutung besitzen [9]. Im weiteren Sinne erstrebt die Denkmalpflege — unabhängig von dem Momente des geschichtlichen Interesses — die Erhaltung ästhetischer Werte und Gefühlswerte [10], die vor allem in den bereits erwähnten Orts- und Landschaftsbildern, sowie in der Tier- und Pflanzenwelt unserer Heimat liegen. Unvollkommen ist diese Kategorienbildung nur insofern, als geschichtliche und ästhetische Interessen nicht selten ineinander übergehen. Es darf deshalb der Gesetzestechnik der Gegenwart auch kein Vorwurf daraus gemacht werden, daß sie für die Begriffe, die für unsere Frage in Betracht kommen, eine feste, unbedingt und allgemein brauchbare Formulierung bisher noch nicht gefunden hat. Schon die unter II folgende Zusammenstellung der deutschen Einzelgesetze wird den Beweis dafür erbringen, wie vielgestaltig in Form und Inhalt die Ansätze sind, die dem gleichen Ziele zustreben.

II. Rechtsquellen.

Unter den für das Denkmalrecht in Betracht kommenden Vorschriften überwiegt bei weitem das partikulare Recht. Von reichsrechtlichen Bestimmungen gehört hierher nur die Vorschrift des StGB. § 104, die eine Beschädigung oder Zerstörung von »öffentlichen Denkmälern, Gegenständen der Kunst, der Wissenschaft oder des Gewerbes, welche in öffentlichen Sammlungen aufbewahrt werden oder öffentlich ausgestellt sind, oder Gegenstände, welche zum öffentlichen Nutzen oder zur Verschönerung öffentlicher Wege, Plätze oder Anlagen dienen«, als qualifizierte Sachbeschädigung bestraft. Aus dem Reichszivilrecht kommen

---

[8] Gegenstände dieser Art werden überwiegend zugleich **kunstgeschichtlichen** Wert besitzen, es kann ihnen aber auch geschichtliches Interesse nur ihres **Altertumswertes** wegen zukommen.

[9] Vgl. u. III.

[10] Es ist m. E. richtig, beide Begriffe nebeneinander zu stellen. Mit der Betonung des ästhetischen Interesses allein würde man nicht ausreichen. Gerade bei denjenigen Objekten, die der moderne Heimatschutz zu erfassen sucht, spielen Gefühlswerte eine große Rolle.

BGB. § 134, sowie EG. z. BGB. Art. 109, 111, 119 Ziff. 1 und GBO. § 83 in Betracht.

Bei einem Überblick über die Vorschriften der Einzelstaaten müssen wir uns beschränken. Eine Einzelaufführung der großen Zahl der einschlagenden Vorschriften würde dem Zwecke dieser Skizze nicht entsprechen und weitaus mehr Raum beanspruchen, als dem Einzelbeitrage dieser Festschrift zur Verfügung steht. Wir erreichen trotzdem eine gewisse Vollständigkeit dadurch, daß wir dort, wo bereits Materialsammlungen zur Verfügung stehen, auf diese verweisen und nur das Fehlende ergänzen[1]. Unvollständig sind in der bisherigen Literatur durchgängig die Nachweise für die kleineren deutschen Einzelterritorien.

Ordnen wir die deutschen Einzelstaaten nach der Stärke der gesetzgeberischen Betätigung, die sie auf dem Gebiete der Denkmalpflege entfaltet haben, so gebührt den Großherzogtümern Hessen[2] und

---

[1] Erleichtert wird uns dieses Vorgehen besonders durch die Arbeit Heyers (s. o. Anm. 3 S. 146).

[2] Ges. d. Denkmalschutz betr. v. 16. Juli 1902 (RBl. S. 275). Zitiert: Hess. DG. Den Entwurf mit Begründung (Redaktor Ministerialrat Freiherr v. Biegeleben; s. auch Oechelhäuser, Denkmalpflege, Bd. I, 1910, S. 138 ff., 180 ff.) vgl. in den Verh. d. XXXI. Landt. 2. K. Drucks. Bd. III Nr. 524, den Bericht des Ausschusses a. a. O. Drucks. Bd. IV Nr. 639. VI Nr. 901, Beratung und Abstimmung a. a. O. Prot. Bd. III S. 1806 ff., IV S. 3280 ff.; für die 1. Kammer s. o. S. 145 Anm. 2. Vgl. dazu Wagner. Die Denkmalpflege in Hessen (Amtl. Handausg., Darmstadt 1905), auch W. van Calker, Das Staatsrecht des Großherzogtums Hessen (Das öffentl. Recht der Gegenwart, Bd. XIX) 1913 S. 290. Fürsorgemaßregeln finden sich in Hessen früh. Schon die Landesh. Verordn. v. 22. Januar 1818 betr. die Erhaltung der vorhandenen Denkmäler der Baukunst griff hier ein, und bereits in den dreißiger Jahren des 19. Jahrhunderts wurde in Hessen auf Grund offizieller Erhebungen ein Gesamtverzeichnis »der Werke des Mittelalters im Großherzogthum Hessen, welche erhalten zu werden verdienen«, aufgestellt. Weitere Einzelheiten über die Maßnahmen, die mit dem Gesetz v. 16. Juli 1902 ihren Abschluß fanden, s. in der Begründung zum Entwurf S. 14 ff., Wagner a. a. O. S. 5 ff., Heyer S. 86 ff. — Das Hess. DG. v. 16. Juli 1902 hat nicht mit einem Schlage das letzte Ideal eines Denkmalschutzgesetzes zu verwirklichen vermocht. Es besitzt vor allem formelle Mängel. Für die Anerkennung, die ihm in materieller Beziehung zuteil geworden ist, vgl. unter vielen nur Heyer S. 59, Giesker S. 152, 161 (Die Aufgabe der »Belehrungen« in der Handausgabe verkennt Giesker S. 152). Bei einer kritischen Beurteilung müssen die erheblichen Schwierigkeiten in Ansatz gebracht werden, die bei der spröden, bisher gesetzlich nicht geklärten Materie zu überwinden waren. — Für Lücken im hess. R. vgl. u. a. III[83].

Oldenburg[3] die erste Stelle. Beide besitzen eingehende Denkmalschutzgesetze, beide auch Vorschriften, die sich gegen die Verunstaltung von Stadt und Land richten[4]. Nahegerückt ist den beiden Großherzogtümern seit dem Erlaß des Ausgrabungsgesetzes vom 26. März 1914, das »dem Schutze des vaterländischen Erbes an Bodenaltertümern« gilt, Preußen[5]. Allerdings fehlt für Preußen noch der erwünschte Abschluß in einem Denkmalschutzgesetz. Daß er kommen wird, ist nach den Erklärungen des Ministers der geistlichen und Unterrichtsangelegenheiten im Herrenhause vom 2. Mai 1913 zu hoffen[6]. Aber schon das, was Preußen unter schwierigeren Verhältnissen als die kleineren Staaten

---

[3] Denkmalschutzgesetz v. 18. Mai 1911 (GBl. S. 959); es ruht wesentlich auf der Grundlage des Hess. DG., bedeutet aber in mannigfacher Beziehung seinem Vorbilde gegenüber einen Fortschritt (vgl. u. S. 162). Zitiert: Oldenb. DG. Entwurf mit Begründung s. 31. Landt. 1910 Anl. 72, Bericht des Verwaltungsausschusses über den Gesetzentwurf a. a. O. Anl. 179, Plenarverhandlung in den Stenogr. Ber. des 31. Landtags, S. 241 ff., 278. Vgl. W. Schücking, Das Staatsr. d. Großherzogtums Oldenburg (Das öffentl. Recht der Gegenwart, Bd. XIV), S. 381, Heyer S. 118 ff.

[4] Hess. DG. Art. 33, 35. Oldenburg besitzt ein dem preuß. Ges. v. 15. Juli 1907 nachgebildetes Sondergesetz (Ges. v. 11. Januar 1910 gegen Verunstaltung von Ortschaften und landschaftlich hervorragenden Gegenden, GBl. S. 402).

[5] Für Preußen ist das Material über Denkmalschutz im engeren wie im weiteren Sinne in der bis zum Jahre 1908 reichenden Monographie von H. Lezius (s. o. S. 147 Anm. 7) erschöpfend gesammelt. Die Entwicklung beginnt hier mit den vom PrALR. I, 8 §§ 33 ff., 65 ff. getroffenen gesetzlichen Einschränkungen »zum Besten des gemeinen Wohls«. Sie bilden die Unterlage der Allerh. KabO. v. 4. Okt. 1815, 20. Juni 1830 und 1. Juli 1843, auf denen wiederum eine größere Zahl ministerieller Erlasse fußt. Ergänzend für die einzelnen Provinzen tritt hierzu das Material der Kommunalgesetzgebung und der für die Kirchenkörper erlassenen Anordnungen der Aufsichtsgesetzgebung. Näheres s. Lezius S. 48 ff., Heyer S. 103 ff., Bredt, Die Denkmalpflege und ihre Gestaltung in Preußen, 1904, auch P. Clemen, Die Denkmalpflege in der Rheinprovinz, Düsseldorf 1896, Loening im HWB. d. preuß. Verw., Bd. I, S. 336 ff., sowie HWB. d. StW., Bd. II[3] S. 721 ff., Polenz in der Zeitschrift »Die Denkmalpflege«, 4. Jahrg. 1902 S. 33 ff., 66 ff., 6. Jahrg. 1903 S. 17 ff.

[6] Stenogr. Ber. des Herrenhauses 1912/1913 Sp. 1572: »In der Tat werden im Schoße der Regierung schon seit längerer Zeit eingehende Erörterungen darüber gepflogen, wie das ganze große Gebiet der Denkmalpflege gesetzlich zu regeln und zu schützen sein möchte ... Eine Einigung über alle die wichtigen Fragen, die mit der allgemeinen Denkmalspflege zusammenhängen, hat bisher noch nicht erzielt werden können, und da hat sich die Regierung entschlossen, einen Abschnitt, einen Teil der Materie herauszugreifen und diesen zunächst der gesetzlichen Regelung entgegenzuführen.«

in seinem Ausgrabungsgesetz⁷ und in den beiden Gesetzen vom 2. Juni 1902 und 15. Juli 1907⁸ geschaffen hat, übertrifft wesentlich die gesetzgeberischen Leistungen anderer Staaten auf unserem Gebiete. In Hinblick auf den Umfang der vorgesehenen Schutzmaßregeln ist nach Preußen das Königreich Bayern zu nennen. Auch dieses ist noch ohne Denkmalschutzgesetz, besitzt aber in seinen zahlreichen Einzelerlassen für viele der auftauchenden Fragen eine Hilfe. Gesichert sind vor allem in Bayern wie in Preußen die im staatlichen Besitz befindlichen beweglichen Denkmäler, sowie Ausgrabungen und Funde⁹.

---

⁷ Ausgrabungsgesetz v. 26. März 1914 (GesS. S. 41). Zitiert als Preuß. AusgrabG. Den Entwurf s. in Drucks. d. Herrenh. 1914 Drucks. 9, die vom Herrenhaus getroffenen Abänderungen s. in Drucks. 174 des Abgeordnetenh., 2. Session 1904, Verh. d. Abgeordnetenh. s. Stenogr. Ber. 1904 Sp. 3126 ff., 3276 ff., 3339 ff. Dem gegenwärtig zur Annahme gelangten Entwurf ging ein Entwurf v. 17. Febr. 1913 voraus, der in beiden Häusern beraten wurde, aber nicht zur Verabschiedung gelangte (vgl. Entwurf Abgeordnetenh. 1912/1913 Drucks. Bd. 12 Nr. 1196, Bericht a. a. O. Bd. 14 Nr. 1484, Beratungen Stenogr. Ber. Bd. 9 Sp. 12778 ff., 15042 ff., Herrenhaus 1912/1913 34. Sitzung Sp. 1563 ff.).

⁸ Ges. v. 2. Juni 1902 gegen die Verunstaltung landschaftlich hervorragender Gegenden (GesS. S. 159), Ges. v. 15. Juli 1907 gegen die Verunstaltung von Ortschaften und landschaftlich hervorragenden Gegenden (GesS. S. 260). Eine Ausführungsanweisung zu dem letztgedachten Gesetz ist unter dem 4. Aug. 1907 erlassen (s. Lezius S. 163 ff.). Vgl. F. W. Bredt, Heimatschutzgesetzgebung S. 13 ff. und u. III³⁴.

⁹ In Bayern setzt mit dem Allerh. Erl. v. 29. Mai 1827 ein nachhaltiger Schutz unbeweglicher und beweglicher Denkmäler, soweit sie im Eigentum von kirchlichen Gemeinden und Stiftungen stehen, ein (vgl. hierzu u. III¹⁶). Entsprechende Vorschriften trafen für die politischen Gemeinden Art. 159 der GemeindeO. f. d. Landesteile diesseits des Rheins v. 29. April 1869 (G.Bl. Sp. 865) und Art. 91 der GemeindeO. f. d. Pfalz v. 29. April 1869 (G.Bl. Sp. 1009), beide jetzt gültig in der Fassung des Ges. v. 6. Juli 1908 (GesVBl. S. 353). Zugleich wurde durch das gleiche Gesetz das PolStGB. in Hinblick auf Ausgrabungen und Funde von prähistorischen und historisch merkwürdigen Gegenständen abgeändert. Den zuletzt genannten Gegenständen gilt auch der Allerh. Erl. v. 6. Sept. 1908 (GesVBl S. 762). Außer diesen Grundbestimmungen besteht eine reiche Zahl von Min.-Erlassen, die den Denkmalschutz (einschl. des Schutzes der Naturdenkmäler, Naturpflege) und vor allem den in Bayern sorgfältig ausgebauten Heimatschutz betreffen. Über alle Einzelheiten geben W. M. Schmidt, Anleitung zur Denkmalpflege im Königreich Bayern (München 1897), Heyer S. 154 ff. und vor allem die übersichtliche Sammlung »Recht und Verwaltung des Heimatschutzes in Bayern« (München 1912) Auskunft. Als Ergänzung zu den Ausführungen der letztgedachten Sammlung S. 150 ff. sei auf die Bek. v. 18. Dez. 1912 (GesVBl. S. 1270) verwiesen. — Wolfg. Hartung, Die Denkmalpflege im juristischen Sinne mit spezieller Berücksichtigung Bayerns, Erlang. Diss. 1906.

Den fühlbaren Mangel von Denkmalschutzgesetzen hat bisher — außer Hessen und Oldenburg — nur Lübeck und Württemberg zu beseitigen gesucht. Die Vorlagen beider Staaten befinden sich jedoch noch im Stadium der parlamentarischen Verhandlung. Für den Lübecker Entwurf liegen bisher zwei an den Bürgerausschuß gerichtete Kommissionsberichte vor, die in wesentlichen Punkten einen von dem Entwurf abweichenden Standpunkt einnehmen [10]. Der jüngere Württemberger Entwurf vom 11. März 1914 ist zu der Zeit, in der diese Zeilen geschrieben werden, erst seit wenigen Tagen in den Händen der Landstände [11]. Er bezieht sich, wie noch näher auszuführen sein wird, lediglich auf die beweglichen Denkmale im Eigentum bürgerlicher oder kirchlicher Gemeinden sowie öffentlicher Stiftungen und auf Bodenaltertümer. Gleichzeitig mit diesem Entwurf wurde der Entwurf eines Interimsgesetzes den beiden Kammern vorgelegt und unter dem 14. März 1914 beschlossen und verkündet [12]. Es bezieht sich auf »den vorläufigen

---

[10] Vgl. den Antrag des Senats mit Begründung in Drucks. 1911 Nr. 5, sowie die Kommissionsberichte v. 7. Sept. 1912 (Drucks. 1912 Nr. XXXIII) und v. 18. Nov. 1913 (Drucks. 1913 Nr. XXIX). — Zitiert als Lüb. DG.E. 1911. — Das geltende Recht Lübecks besitzt vom Standpunkte der Bauaufsicht (Bauordnung v. 25. Mai 1903, G. u. V. Nr. 72, §§ 64 u. 70) Vorschriften, die eine Verunstaltung des Straßenbildes oder der landschaftlichen Umgebung verhindern. Vgl. Heyer S. 125, auch u. III [37]. Einzelheiten s. u. V [6] und V [10].

[11] Württ. 2. Kammer, 39. Landt., Beilage Nr. 233. Der Entwurf wird im folgenden zitiert: Württ. DG.E. 1914. In Württemberg beginnt die Staatsfürsorge für Denkmäler der Kunst und des Altertums mit der Bek. d. Min. d. Kirchen- u. Schulwesens v. 10. März 1858 (RegBl. S. 40). Von späteren Bestimmungen kommt Art. 117 der GemeindeO. v. 28. Juli 1906 (RegBl. S. 323) mit der Vollzugsverf. v. 6. Okt. 1907 §§ 151, 152 (RegBl. S. 503) in Betracht. Eine wirksame Hilfe hat erst die Bauordnung v. 28. Juli 1910 (RegBl. S. 336) Art. 11, 97, 98, 101 Abs. 2 (vgl. u. III [31] und III [37]) mit der Vollzugsverf. v. 10. Mai 1911 § 4 Abs. 3, § 11 Abs. 3, §§ 86, 87 98, 99 Abs. 4 (RegBl. S. 77) gebracht. Diese Hilfe versagte jedoch für bewegliche Gegenstände. Hier greift erst der Entwurf von 1914 ein. — Vgl. für das bisher geltende Recht auch die Verf. über Baudenkmale usw. v. 14. Jan. 1912 (RegBl. S. 10) und die Bek. v. 31. Mai 1913 betreff. die Geschäftsordn. f. d. Denkmalrat (Bl. d. Min. d. Innern S. 585). Unterstützend wirken ferner die Vorschriften des Bischöfl. Ordinariats über das kirchliche Bauwesen v. 15. Sept. 1909, §§ 28—33 (Kirchl. ABl. für die Diözese Rottenburg, S. 162), sowie für bewegliche kirchliche Altertümer die Erlasse des Evangel. Konsistoriums v. 21. Juli 1910 (Kons. ABl. XVI, S. 11) und des Bischöfl. Ordinariats v. 18. Aug. 1910 (Kirchl. ABl. S. 233). — Vgl. Heyer, S. 141 ff., Bredt, Heimatschutzgesetzgebung S. 93 ff.

[12] RegBl. S. 45. Seine Wirksamkeit erlischt mit dem 1. Juli 1915 (Art. 3).

Schutz von Denkmalen im Eigentum bürgerlicher oder kirchlicher Gemeinden sowie öffentlicher Stiftungen« und will verhindern, daß die Zeit bis zur Verabschiedung des Hauptgesetzes »benützt wird, um dem Lande noch möglichst viele Altertümer zu entziehen«[13].

Als bemerkenswerte Ansätze zu einer Denkmalschutzgesetzgebung im Sinne der bisher besprochenen Gesetze und Entwürfe dürfen wir auch die in den Herzogtümern Sachsen-Altenburg und Sachsen-Meiningen geltenden Bestimmungen bezeichnen. Sachsen-Altenburg hat unter dem 20. Mäz 1909 ein Gesetz, »den Schutz von Kunstwerten betreffend«[14], erlassen, und Sachsen-Meiningen hat in seiner Kirchengemeinde- und Synodalordnung, sowie in seiner Gemeindeordnung Vorkehrungen getroffen, »daß Gegenstände von geschichtlichem, wissenschaftlichem oder Kunstwert nicht ohne Genehmigung der obersten Aufsichtsbehörde veräußert, beseitigt oder wesentlich verändert werden dürfen«[15].

Von den übrigen Einzelstaaten begnügt sich der größere Teil bisher mit Einzelgesetzen im Sinne der preußischen Gesetze vom 2. Juni 1902 und 15. Juli 1907. Ein anderer Teil vermeidet jede Form eines Sondergesetzes und fügt diejenigen Bestimmungen, die der Erhaltung von Baudenkmälern gelten oder gegen eine Verunstaltung des Ortsbildes gerichtet sind, in die allgemeinen Bauordnungen ein. Innerhalb der ersten Gruppe muß an vorderster Stelle Braunschweig genannt werden, weil sein Gesetz vom 1. Februar 1911 »gegen die Verunstaltung von Stadt und Land« nicht nur die Bestimmungen der beiden provisorischen Gesetze von 1902 und 1907, sondern darüber hinausgehend einige Vorschriften des Hess. D.G. aufgenommen hat[16]. Nahe stehen diesem Vorgehen Braunschweigs Bremen und Hamburg, — Bremen in seinem

---

[13] Begründ. z. Entwurf (Württ. 2. Kammer, 39. Landt., Beil. 234).

[14] Ges. 1909, S. 8. Den Entwurf mit Begründung s. in den Landtagsverhandlungen 1909, S. 268. Vgl. dazu u. III[18]. Für Veränderung von kirchlichen Gebäuden gilt § 27 der KirchengemO., der die Genehmigung der Aufsichtsbehörde fordert. Es stehen nach einer Mitteilung des Ministeriums gesetzgeberische Maßregeln in Aussicht, die den Bestrebungen des Heimatschutzes im weiteren Umfange Rechnung tragen sollen.

[15] Kirchengem- u. SynodO. v. 4. Januar 1876 § 36 Ziff. 4 und GemO. v. 16. März 1897 § 63.

[16] G. u. VS. 1911 S. 27 ff. Den Entwurf s. in den Verhandlungen des 30. Landt., Art. 153, den Kommissionsbericht a. a. O. Art. 205, die Verhandlungen im 44. Sitzungsbericht v. 19. Januar 1911.

Gesetz vom 4. März 1909, »betreffend den Schutz von Baudenkmalen und Straßen- und Landschaftsbildern«[17], Hamburg in seinem »Baupflegegesetz« vom 3. April 1912[18]. Unter den sonst zur ersten Gruppe gehörenden Landesgesetzen hat Sachsen das preußische Vorbild in einer Reihe von Punkten nicht unerheblich abgeändert; an das Gesetz gegen die Verunstaltung von Stadt und Land vom 10. März 1909 (GesVBl. S. 219; Ausf. Anw. vom 15. August 1909, a. a. O. S. 221)[19] hat sich eine lebhafte Bewegung angeschlossen, die die Schutzbestrebungen des Königreichs — trotz Mangels eines Denkmalschutzgesetzes — als günstig erscheinen lassen[20]. Enger ist der Anschluß an das preußische Vorbild

---

[17] GBl. 1909, S. 69. Vgl. Verhandl. der Bürgerschaft 1908, S. 1338 ff. Unmittelbar nach dem Erlaß des Gesetzes ist eine aus 9 Mitgliedern bestehende Sachverständigenkommission eingesetzt worden, die sich gutachtlich über die Frage äußern sollte, welche Straßen, Plätze und Häuser den Anordnungen des § 3 zu unterwerfen seien. Diese gutachtliche Äußerung ist bisher nicht abgeschlossen. Durch einen (vorläufigen) Bericht vom 28. Oktober 1912 ist nur der besondere Schutz des Marktplatzes empfohlen und durch Bek. d. Senats vom 13. Nov. 1912 angeordnet worden. — Vgl. Bredt, Heimatschutzgesetzgebung, S. 28 ff., Heyer, S. 116.

[18] Amtsbl. 1912, S. 195 ff. Den Entwurf s. in der Mitteilung des Senats an die Bürgerschaft v. 4. Juli 1910 (Nr. 169 v. 1910), den Bericht des von der Bürgerschaft eingesetzten Ausschusses in Nr. 27 (Mai 1911), die Verhandlungen in den Stenogr. Berichten der 31. und 33. Sitzung der Bürgerschaft v. 1911, den 2. Bericht des Ausschusses in Nr. 5 v. Januar 1912, die Verhandlungen in den Stenogr. Berichten der 12. Sitzung v. 1912. Das Baupflegegesetz greift insofern über das Bremer Ges. v. 4. März 1909 hinaus, als es neben dem Schutz der Straßen-, Orts- und Landschaftsbilder gegen Verunstaltung den »Schutz der Bau- und Naturdenkmale, sowie die Wahrung der künstlerischen Interessen bei Ausgestaltung der Stand- und Landschaftsbilder« ausdrücklich als programmatischen Punkt bezeichnet. — Vgl. Bredt, Heimatschutzgesetzgebung, S. 60 ff.

[19] Vgl. P. Adolph, Das Kgl. Sächs. Gesetz gegen die Verunstaltung von Stadt und Land v. 10. März 1909 (Leipzig 1909, Juristische Handbibliothek, Bd. 288), Heyer, S. 88 ff., Bredt, Heimatschutzgebung, S. 33 ff., auch u. III[36]. Der Schwerpunkt für den Denkmalschutz im engeren Sinne liegt in den auf Grund des § 3 zu erlassenden Ortsgesetzen. — Fertiggestellt sind solche u. a. zum Schutze der Albrechtsschlösser in Loschwitz, der Schloßruine in Elsterberg, des Rathauses in Potschappel; eine größere Reihe von Ortsgesetzen liegt — wie mir mitgeteilt wird — gegenwärtig zur Genehmigung bei den Aufsichtsbehörden.

[20] Vgl. P. Clemen in Zeitschrift »Denkmalpflege«, XIII. Jahrg. 1911, S. 108, Heyer, S. 100, Bredt, Die neue Gesetzgebung auf dem Gebiete der Denkmalpflege und des Heimatschutzes (53. Dürerbund-Flugschrift, München 1909), S. 13. Allerdings kann der Abbruch von geschichtlich wichtigen Gebäuden mit Bestimmungen des Gesetzes nicht verhindert werden. — Über die lebhafte Tätigkeit des Landesvereins Sächs. Heimatschutz s. Adolph a. a. O. S. 111 ff.

in Sachsen-Koburg-Gotha[21], Schwarzburg-Rudolstadt[22] und (mit Anlehnung an den Wortlaut des § 1 des SächsG. vom 10. März 1909) Schaumburg-Lippe[23].

Die zweite der von uns unterschiedenen Gruppen (Einfügung in Bauordnungen) setzt sich aus Baden, Mecklenburg-Schwerin, Sachsen-Weimar, Anhalt, Waldeck und Reuß j. L.[24] zusammen. Von ihnen legen Baden[25], Mecklenburg-Schwerin[26] und

---

[21] Für Sachsen-Gotha Ges. v. 10. April 1909 gegen die Verunstaltung von Ortschaften und landschaftlich hervorragenden Gegenden (GS. 1909, S. 85); für Sachsen-Koburg im wesentlichen gleichlautend (der Unterschied besteht im § 5 des Koburger Gesetzes) das Ges. v. 20. April 1909 (GS. 1909, S. 91). Auch die an die Bezirksverwaltungsbehörden gerichteten Ausführungsanweisungen lehnen sich an die Preuß. AusfAnw. v. 4. Aug. 1907 an.

[22] Ges. v. 24. Dez. 1910 (GS. 1910, S. 50). Es enthält nur einen Paragraphen, dessen wesentlicher Teil dem Preuß. G. v. 2. Juni 1902 entspricht. Das gleiche Ziel, wie das Ges. v. 24. Dez. 1910, verfolgt § 50 der Bauordnung v. 4. März 1913 (GS. 1913, S. 81). Vgl. u. III[35].

[23] Ges. v. 21. März 1911 gegen die Verunstaltung von Stadt und Land (Landesverordn. 1911 Nr. 4 S. 23). S. u. III[35].

[24] Für das Fürstentum Reuß j. L. ist eine brauchbare Vorschrift gegen die Verunstaltung von Orts- und Landschaftsbildern durch die Baupolizeiordnung für den unterländischen Landbezirk vom 28. März 1911 getroffen.

[25] Die Landesbauordnung v. 1. September 1907 (GesVBl. S. 385) behält den örtlichen Bauordnungen die Vorsorge dafür vor, daß geschichtliche oder künstlerisch bedeutungsvolle Straßen- oder Ortsbilder vor Beeinträchtigung gewahrt, sowie wertvolle Bauten erhalten werden (§ 109 Abs. 3); vgl. ferner a. a. O. §§ 33, 34, 35, 110, 123 Abs. 3, 128, 131 Abs. 3. Eine Bestimmung im Sinne des § 109 ist z. B. in die Bauordnung der Stadt Heidelberg v. 8. Juni 1910 (§ 19 Abs. 6) aufgenommen. Örtliche Bauordnungen dürfen in Baden auch zum Schutz hervorragender Naturdenkmäler erlassen werden (MinErl. v. 15. März 1909 betreff. die Förderung künstlerischer Bauweise, Nr. 4). Gegen eine Verunstaltung landschaftlich hervorragender Gegenden (vgl. hierzu Erk. des Bad. VGH. v. 23. Januar 1903 in Sachen der Firma C. H. Knorr A.-G. in Heilbronn gegen Bezirksamt Heidelberg) oder künstlerisch bedeutungsvoller Baudenkmäler bietet § 12 des Ortsstraßengesetzes v. 15. Okt. 1908 (GesVBl. S. 605), sowie PolStGB. § 130 (Nov. v. 20. Aug. 1904, GesVBl. S. 397) eine rechtliche Hilfe. Vgl. Heyer, S. 132 ff., vor allem auch S. 133 (Hinweis darauf, daß § 184 der GemO. und § 160 der StädteO. — Staatsgenehmigung bei Veräußerungen — für die Denkmalpflege nutzbar gemacht werden könne). — Für die Geschichte des Denkmalrechts ist es von Bedeutung, daß in Baden bereits im Jahre 1884 ein umfangreicher »Entwurf eines Gesetzes, die Fürsorge für die Denkmäler der Kunst und des Alterthums« (zitiert als Bad. DG.E. 1884) ausgearbeitet worden ist. Der Entwurf ist jedoch nicht zur Vorlage an die Stände gelangt; offenbar bildeten politische Bedenken hierfür den Grund (vgl. Heyer, S. 132, Giesker, S. 172, Zitate aus dem Entwurf bei Wieland). Es ist

Sachsen-Weimar[27] den Schwerpunkt in den Erlaß von Ortsgesetzen. Auch Anhalt[28] weist in seiner Bauordnung vom 19. Juni 1905 § 64 Abs. 5 darauf hin, daß nähere Vorschriften über das Äußere von Bauwerken durch Ortsvorschriften gegeben werden können. Für Waldeck aber ist die Sicherung gegen die Gefahr verunstaltender Bauten durch die dem

---

lebhaft zu bedauern, daß dieser erste umfassende Versuch einer deutschen Denkmalschutzgesetzgebung nicht zur Verhandlung und Ausführung gelangt ist. Jedenfalls würde das badische Vorgehen zu einer rascheren Entwicklung des Denkmalrechts in anderen Einzelstaaten beigetragen haben.

[26] Die staatlichen Maßnahmen beginnen im Großherzogtum Mecklenburg-Schwerin mit der Bek. v. 9. Dez. 1887 betreff. die Einsetzung einer Großh. Kommission zur Erhaltung der Denkmäler (RegBl. S. 375). Im Interesse der Erhaltung des Ortsbildes wirken die BaupolizeiO. für das Domanium im Großherzogtum v. 27. Dez. 1911 (RegBl. 1912 S. 25; vgl. besonders § 7 Z. 2, § 15 Z. 1, § 47) und Verordnungen gegen Verunstaltung der Stadt Wismar v. 1. Aug. 1912), sowie der Residenzstadt Schwerin v. 24. Jan. 1913. (Die Verordn. ist 1913 mit der landesherrlichen Bestätigung als Sonderdruck erschienen.) Auch die Stadt Rostock besitzt eine Reihe städtischer Verordnungen zur Erhaltung ihres Stadtbildes.

[27] Nach dem Baugesetz v. 11. Mai 1869 S. 2 kann die Bauerlaubnis verweigert werden, »wenn das Äußere der baulichen Anlage nach den örtlichen Rücksichten öffentlichen Anstoß erregen würde«. Nicht hierin liegt aber der entscheidende Punkt. Wichtig ist vielmehr, daß auf Grund allgemeiner Vorschriften der Gemeindeordnung die Gemeinden imstande sind, im Interesse des Heimatschutzes Ortsstatuten zu erlassen. Gegenwärtig besitzen 66 Gemeinden ein solches Ortsstatut. Die Statuten selbst zerfallen in vier Gruppen. Die der ersten Gruppe schließen sich im wesentlichen dem Ortsstatut der Stadt Weimar v. 14. Sept. 1906 über den Schutz gegen Verunstaltung des Stadtbildes an (insgesamt vier Gemeinden), die der zweiten Gruppe dem Löbstedter Ortsstatut v. 24. Febr. 1909 (22 Gemeinden), die der dritten Gruppe dem Hochstedter Ortsstatut v. 13. Jan. 1912 (34 Gemeinden) an. Die vierte Gruppe (6 Gemeinden, darunter Apolda, Bad Sulza, Ilmenau) wählt aus jeder Gruppe die wesentlichen Bestandteile aus. Nach einer Mitteilung des Ministeriums ist die Regierung mit einem Gesetzentwurf über Denkmal- und Heimatschutz beschäftigt.

[28] § 64 der Bauordnung für das Herzogtum Anhalt v. 19. Juni 1905 (GS. Nr. 1226) richtet sich gegen die Verunstaltung des Straßenbildes und der landschaftlichen Umgebung, gegen die Beeinträchtigung historischer Bauwerke, vor allem auch gegen die zur Verunstaltung führende aufdringliche Reklame. Daneben bestehen zahlreiche im Interesse der Denkmalpflege im engeren und weiteren Sinne von Seiten des Staatsministeriums und der Herzogl. Regierung, Abt. d. Innern, erlassene Verfügungen (z. B. Erl. d. Staatsmin. v. 9. Sept. 1908, 31. Okt. 1910, Erl. d. Reg. Abt. d. Inn. v. 18. April 1906, 17. April 1907, 4. Nov. 1907, 27. Mai 1908), auch ein Erl. d. Konsistoriums v. 4. Juni 1907. Sie bewegen sich zum Teil im Rahmen der Beschlüsse des Vereins f. Denkmalpflege; zum anderen Teil sollen sie die Mitwirkung des Herz. Konservators und Kunstwarts sichern. Vgl. Bredt, Heimatschutzgesetzgebung, S. 90 ff.

Landesdirektor von § 3 des Baugesetzes vom 13. Januar 1911 eingeräumte gesteigerte Kompetenz gewährleistet[29].

Eine Sonderstellung nimmt in Fragen des Denkmalschutzes Elsaß-Lothringen ein. Es gilt hier noch die französische Gesetzgebung aus der Zeit vor dem Jahre 1871, darunter vor allem das Enteignungsgesetz vom 3. Mai 1841[30]. Auch die Gültigkeit der mit diesem älteren französischen Denkmalrecht zusammenhängenden Verfügungen vor dem Erwerb der Reichslande ist ausdrücklich amtlich anerkannt worden[31]. Was unter deutscher Herrschaft dazu gekommen ist, ist vor allem das Gesetz vom 7. November 1910 betreffend die baupolizeilichen Vorschriften[32].

Damit ist der Kreis derjenigen deutschen Einzelterritorien, die im Bereiche der von uns behandelten Fragen Anordnungen getroffen haben, erschöpft. Es ergibt sich aus diesem Überblick, daß nur Mecklenburg-Strelitz, Schwarzburg-Sondershausen, Reuß ä. L. und Lippe(-Detmold) mit Vorschriften über Denkmalschutz im engeren,

---

[29] Das Baugesetz für die Fürstentümer Waldeck und Pyrmont trifft die Vorschrift, daß der Baudirektor bei Erteilung der Bauerlaubnis (§ 2) zur Verminderung einer Verunstaltung des Straßen- oder Landschaftsbildes weitergehende Anforderungen stellen kann, als sie in der Baupolizeiordnung (v. 7. März 1911) vorgesehen sind. Von Bedeutung ist außerdem für Waldeck und Pyrmont, daß ein Schutz der im Besitz der Kirchen befindlichen Denkmäler besteht. Die Verordn. vom 29. Januar 1902 sorgt für die Inventarisierung der kirchlichen Urkunden und Altertümer (Ges. u. Ver.Samml. f. d. evang. Kirche der Fürstentümer Waldeck und Pyrmont, 1902, Nr. 3) und die Verordn. v. 20. Okt. 1908 verbietet eigenmächtige Restaurierungen (a. a. O. 1908 Nr. 11).

[30] Vgl. F. W. Bredt, Denkmalschutz im Wege der Enteignung. Ein Beitrag zur Denkmalpflege unter besonderer Berücksichtigung des Reichslandes (Straßburg 1905), S. 1, auch Heyer, S. 127 ff. Daß nur das ältere (vor 1871 liegende) französische Denkmalrecht in Frage kommt, bedarf keines Beweises.

[31] Verfügung des Oberpräsidenten v. 7. Jan. 1874. Für die auf Grund dieser Verfügung aufrecht erhaltenen Zirkulare u. a. aus französischer Zeit s. Heyer, S. 128. Es besteht gegenwärtig die Absicht, im Interesse historischer Denkmäler einen über das geltende Recht hinausreichenden Schutz zu schaffen.

[32] GesVBl. 1910, S. 133. Es ermächtigt die Ortspolizeibehörden, neben den im Interesse der Sicherheit und Gesundheit erforderlichen baupolizeilichen Vorschriften auch solche zum Schutze des Ortsbildes über die Lage und die äußere Ausgestaltung baulicher Anlagen zu erlassen. Vgl. Emerich, Der Schutz des Ortsbildes; das Elsaß-Lothringische Landesgesetz betreff. baupolizeiliche Vorschriften vom 7. Nov. 1910 (Straßburg 1911), F. Wolff, Handbuch der staatl. Denkmalpflege in Elsaß-Lothringen (Straßburg 1903), F. Wolff, Einrichtungen und Tätigkeit der staatl. Denkmalpflege im Elsaß (Straßburg 1909).

wie im weiteren Sinne fehlen. Auch diese Zahl wird aber in absehbarer Zeit sich verringern, denn im Fürstentum Lippe liegt zurzeit ein Gesetzentwurf betreffend die Verunstaltung von Ortschaften dem Landtage vor, und auch Schwarzburg-Sondershausen plant ein gesetzgeberisches Vorgehen in Anlehnung an das PreußGes. vom 15. Juli 1907.

III. Gegenstand des Schutzes.

Schon die Titel der unter II. aufgeführten Rechtsquellen lassen erkennen, wie verschieden der in den deutschen Einzelstaaten gezogene Schutzkreis ist. Eine Ordnung läßt sich unter folgender Gruppierung erreichen:

Erste Gruppe: Der Schutz gilt lediglich den durch Menschenhand geschaffenen Werken von geschichtlichem oder ästhetischem Werte (Kunstdenkmäler).

Zweite Gruppe: In den Schutz werden auch Gebilde der Natur einbezogen, seien diese naturgeschichtlich wichtige Überreste der früheren Perioden unserer Erdentwicklung und ihrer Fauna und Flora, oder seien sie besonders charakteristische Bildungen, wie Wasserläufe, Felsen, Bäume (Naturdenkmäler).

Dritte Gruppe: Der Schutz richtet sich (wenn wir es kurz ausdrücken wollen) gegen die Verunstaltung von Stadt und Land (Heimatschutz).

Innerhalb der beiden ersten Gruppen bedarf es der Scheidung von unbeweglichen und beweglichen Sachen. Bei allen drei Gruppen spielt ferner die Frage eine wichtige Rolle, ob Eigentum des Staates, der Kirchen, der politischen Gemeinden oder einer anderen juristischen Person des öffentlichen Rechts, oder ob Eigentum einer natürlichen oder juristischen Person des Privatrechts vorliegt.

1. Überblicken wir den Entwicklungsgang der drei obengenannten Gruppen, so steht — darauf deutete bereits der Beginn unseres Aufsatzes hin — der Schutz der Kunstdenkmäler zeitlich an erster Stelle. Er setzt in Italien, der Wiege des Denkmalschutzes ein und ergreift zunächst nur unbewegliche Gegenstände, die Ruinen antiker Bauwerke. Zum Belege sei kurz an die Rechtsentwicklung im Kirchenstaat erinnert, an den Erlaß Pius II. von 1462 und an die Bauordnung Sixtus IV. von 1480, die mit strengen Strafen die Zerstörung der bau-

lichen Reste des Altertums bedrohten[1]. Neben sie treten erst im 17. Jahrhundert die scharfen Vorschriften des Editto Aldobrandini und des Editto Botti, sowie im Beginn des 19. Jahrhunderts die Bestimmungen des Editto Doria Pamphili und des oft genannten Editto Pacca mit Anordnungen über Ausgrabungen sowie mit Verkaufs- und Ausfuhrverboten beweglicher Kunstgegenstände[2]. Wir begreifen, daß gerade in Italien — seit 1834 folgt Griechenland[3] — der Reichtum an beweglichem Kunstgut zu einer so weitgehenden Schutzgesetzgebung geführt hat. Auch die abschließende Gesetzgebung des Königreichs Italien vom 12. Juni 1902[4] behält den durch die älteren Edikte

---

[1] Der Erlaß Pius II. v. 1462, abgedr. bei Theiner, Cod. dipl. dominii temporarii S. Sedis V, III Nr. 369 (vgl. das Zitat bei J. Kohler, Recht der Kunstwerke und Altertümer, Arch. BürgR. IX, 1894, S. 67. Die Zuweisung an Paul II. ist ein Irrtum; es handelt sich um Pius II. 1458—1464; s. hierzu Giesker a. a. O. S. 40). Die Bauordnung Sixtus IV. s. bei A. Tomassetti, Bull. dipl. et privil. s. Rom. pontif. Taurinens. editio T. V pg. 273 nr. 24, Mariotti, La legislazione delle belle arti (Roma 1892), pg. 229. Das in den preußischen Landtagsverhandlungen bei der Beratung des Ausgrabungsgesetzes wiederholt herangezogene Edikt des Mediceers Leo X. (vgl. Stenogr. Berichte d. Verh. d. AbgH., 38. Sitzung v. 28. Febr. 1914 S. 3130 und 3146) stammt nicht aus dem Jahre 1515, sondern aus dem Jahre 1516 (Mariotti pg. 205). Es ist das an Raffael als Baumeister von St. Peter gerichtete Breve. Sein Inhalt ist auch ein anderer, als nach den angeführten Verhandlungen angenommen werden müßte. Es handelt sich um die Gewinnung von Baumaterial für die Peterskirche. In unser Gebiet schlägt nur der für den Baumeister (Raffael) bestimmte Hinweis »ut sine tuo jussu aut permissu lapidem ullum inscriptum caedere secareve ne audeant«.

[2] Das Editto Aldobrandini stammt von 1624 (Mariotti, S. 208, vgl. auch den Abdruck der wichtigsten Bestimmungen bei Kohler a. a. O. S. 68), das Edito Botti von 1646 (Mariotti, S. 209; Verbot des vendere, estrahere, fare estrahere fuora di Roma nè dello Stato Ecclesiastico). Für des Editto Doria Pamphili von 1802 vgl. Mariotti, S. 226—233; vor ihm liegt eine Reihe von Erlassen, für die auf Mariotti, S. 206 ff., Kohler a. a. O. S. 69 ff., Giesker, S. 113 verwiesen sei. Für das außerordentlich eingehende Editto Pacca vom Jahre 1820 vgl. Mariotti, S. 235 ff.

[3] Vgl. A. v. Wussow, Die Erhaltung der Denkmäler in den Kulturstaaten der Gegenwart (Berlin 1885) I S. 161, II S. 252—276. Griechenland hat sein Denkmalschutzgesetz von 1834 im Jahre 1899 durch ein verschärftes Schutzgesetz ersetzt; vgl. hierzu Giesker, S. 181. Wesentlich dem griechischen Vorbilde ist die Türkei (Gesetze von 1884 und 1907) gefolgt. Für Tunis, auf das gleichfalls im preußischen Abgeordnetenhause neuerdings hingewiesen wurde, vgl. das Dekret v. 7. März 1886; Annuaire de législation française pour 1886 (Paris 1887), pg. 189.

[4] Legge sulla conservazione dei monumenti e degli oggetti di antichità e di arte. Als Ausführungverordnung dient ein Reglement von 418 Artikeln. Änderungen durch das Ges. v. 20. Juni 1909. Einzelheiten bei Giesker, S. 142 ff., speziell über das Vorkaufsrecht des Staates S. 144, Ausfuhrtaxen S. 147 ff.

(vor allem durch die päpstlichen Erlasse) vorgezeichneten Anwendungskreis bei.

Noch ehe aber Italien für den Gesamtumfang der Monarchie zu einem einheitlichen Denkmalschutz gelangte, hatte Frankreich den entscheidenden Schritt in seinem »Loi du 30. mars 1887, relative à la conservation des monuments et objets d'art ayant un intérêt historique et artistique« getan[5]. Auch hier sind es, wie schon der Gesetzestitel zeigt, nur Gegenstände unserer ersten Gruppe, die unter Denkmalschutz gestellt wurden. Im Vordergrunde stehen dabei die unbeweglichen Denkmäler; von beweglichen Gegenständen werden nur Altertümer und Kunstgegenstände im öffentlichen Besitz und Fundobjekte ergriffen. Ohne Zweifel hat das französische Gesetz die Entwicklung des Denkmalrechts in anderen Kulturländern stärker beeinflußt als die italienische Gesetzgebung. Auch auf Deutschland hat es unmittelbar und mittelbar eingewirkt. Jedenfalls — das muß vor allem betont werden — hat es den Ansporn zu einem systematischen gesetzgeberischen Vorgehen gegeben[6].

Bei einem Gesamtüberblick über den sachlichen Bereich des Denkmalschutzes in Deutschland erscheint es als ein entschiedener Mangel, daß sich die Mehrzahl unserer deutschen Landesgesetze bisher allzusehr auf die Erhaltung der unbeweglichen Denkmäler beschränkt[7]. Das ist in allen denjenigen Einzelstaaten der Fall, in denen die Vorschriften über den Denkmalschutz nicht in einem besonderen Denkmalschutzgesetz zusammengefaßt, sondern (wie in Baden, Mecklenburg-Schwerin, Sachsen-Weimar, Anhalt, Waldeck, Reuß j. L.[8]) den allgemeinen Bauordnungen eingefügt sind. Das gleiche gilt von denjenigen Staaten, die sich (wie Braunschweig, Bremen, Hamburg, Sachsen, Sachsen-Coburg-Gotha, Schwarzburg-

---

[5] Journal officiel du 31. mars; Bull. Nr. 17739. Vgl. F. Cros-Mayrevieille, De la protection des monuments historiques ou artistiques, des sites et des paysages (Dr.-These, Paris 1907).

[6] Siehe H. Loersch, Das französ. Ges. v. 30. März 1887, Bonner Universitätsprogr. 1897, P. Clemen, Die Denkmalpflege in Frankreich, Berlin 1898, besonders auch die Begründung zu dem Hess. DG. (o. II[2]) und Heyer, S. 59.

[7] Von ausländischen Gesetzen mit Beschränkung auf unbewegliche Denkmäler kann Ungarn (Ges. v. 24. Mai 1881, GesS. S. 400) und England (Ges. v. 18. Aug. 1882) genannt werden. Vgl. Kohler, S. 78, Giesker, S. 178.

[8] Oben II[24–29].

Rudolstadt, Schaumburg-Lippe[9]) auf »Baupflegegesetze« beschränken, die einer Verunstaltung von Stadt und Land vorbeugen sollen. Sicherlich stehen die Baudenkmäler für den Denkmalschutz in vorderster Linie; wir sind auch mit vielem — so vor allem mit der Erhaltung unserer Burgen[10] — noch stark im Rückstande. Aber die Verluste, die uns drohen, liegen nicht nur auf dem Gebiete der unbeweglichen Denkmäler; es sind nur Beispiele, wenn dabei an unsere vielfach noch gefährdeten Urkundenbestände und an Bodenfunde[11] erinnert wird. Bereits im Jahre 1899 stellte deshalb der Gesamtverein der deutschen Geschichts- und Altertumsvereine auf seiner Tagung zu Straßburg die Forderung auf, daß auch bewegliche Gegenstände von kunstgeschichtlicher oder geschichtlicher Bedeutung, die sich im Eigentum des Staates oder einer Körperschaft des öffentlichen Rechts befinden, ohne Genehmigung der Aufsichtsbehörde nicht zerstört, veräußert, wiederhergestellt oder wesentlich verändert werden dürften. Eine weitere Forderung des gleichen Verbandes ging dahin, daß archäologische Ausgrabungen oder Nachforschungen irgendwelcher Art auf Grund und Boden des Staates oder einer öffentlichen Korporation nicht ohne Genehmigung der Aufsichtsbehörde unternommen werden dürften.

Derjenige deutsche Einzelstaat, der diese Forderungen zuerst in seiner Gesetzgebung anerkannte und verwirklichte, war das Großherzogtum Hessen. Sein Denkmalschutzgesetz vom 16. Juli 1902 bezieht sich nicht nur auf Baudenkmäler und ihre Umgebung, sondern umfaßt auch im öffentlichen Besitz befindliche bewegliche Denkmäler von geschichtlicher Bedeutung[12], sowie Ausgrabungen und Funde. Seine Vorschriften

---

[9] Oben II[16-23].

[10] Auf diese Aufgabe ist ganz besonders hinzuweisen. Mit der sachgemäßen Erhaltung der Reste unserer Burgen sind nicht nur hervorragende landschaftliche Interessen, sondern zahlreiche, zum guten Teil noch ungelöste kulturhistorische Probleme verknüpft. Vgl. Herm. Ehrenberg, Moderne Denkmalpflege und die Burg Altena (Münster 1907), Konr. Lange, Die Grundsätze der modernen Denkmalpflege (Tübingen 1906), S. 18 ff., 28 ff.

[11] Siehe die instruktive »Denkschrift über die Notwendigkeit eines gesetzlichen Schutzes der Bodenaltertümer in Preußen« (Verfasser: C. Schuchardt und O. Jaekel). — Für die Frage der Altertumsfunde im allgemeinen vgl. C. Hennings, Altertumsfunde, zugleich ein Beitrag zur Lehre vom Schatzrecht nach BGB. und zur Frage der Gesetzgeb. betr. Denkmalpflege (Rostocker Diss. 1911), auch M. Pappenheim in Iherings Jahrb. Bd. 45, 1903 S. 141 f. und an der u. IV[1] zitierten Stelle.

[12] Darunter versteht das hessische Gesetz auch Urkunden (Art. 3).

gehen sogar, wie wir bei der Besprechung der von uns unterschiedenen zweiten Gruppe (Naturdenkmäler) sehen werden, über diesen Kreis hinaus. Seitdem regen sich auch in anderen Einzelterritorien die Bemühungen, eine gesetzliche Ordnung des Denkmalschutzgesetzes auf verbreiterter Grundlage zu erreichen. Der erste Staat, dem dies im Anschluß an das hessische Vorbild gelungen ist, ist das Großherzogtum Oldenburg. Sein Denkmalschutzgesetz vom 18. Mai 1911[13] stellt aber keine einfache mechanische Herübernahme dar, sondern bedeutet einen wertvollen Fortschritt. Vor allem gilt das von der straffen systematischen Ordnung, die das OldenbDG. auszeichnet. Aber auch in materieller Beziehung enthalten die Sätze des Gesetzes vom 18. Mai 1911 bedeutsame neue Vorschriften[14]. Hier genügt es zunächst, festzustellen, daß seine Sätze für die erste der von uns unterschiedenen Gruppen (und zwar ohne Scheidung nach der Seite des Eigentümers) schützen:

»1. Baudenkmäler, d. h. Bauwerke, deren Erhaltung wegen ihrer kunstgeschichtlichen oder sonst geschichtlichen Bedeutung im öffentlichen Interesse liegt.

Dazu gehören auch die Denkmäler aus vor- und frühgeschichtlicher Zeit (Hügelgräber, Steindenkmäler, Wurten, Burgwälle, Schanzen, Landwehre usw.);

2. Naturdenkmäler ... (vgl. u. III[20]);
3. Die Umgebung von Bau- und Naturdenkmälern;
4. in der Erde verborgene unbewegliche oder bewegliche Gegenstände von kulturgeschichtlicher oder sonst geschichtlicher Bedeutung;

---

[13] Oben II[3]. Vor dem Oldenb. DG. v. 18. Mai 1911 liegt das in der bisherigen Literatur nicht beachtete kurze Gesetz des Herzogtums Sachsen-Altenburg v. 20. März 1909 (o. II[14]), das sich gegen die »Veräußerung oder wesentliche Veränderung von Sachen, welche einen besonderen wissenschaftlichen, historischen oder Kunstwert haben, insbesondere von Archiven oder Teilen derselben« wendet (verlangt wird in diesen Fällen die Genehmigung der Aufsichtsbehörde). Unter »Sachen« sind, wie die Begründung (vgl. das Zitat o. II[14]) betont, auch Gebäudeteile zu verstehen, sodaß auch auf Grund des Gesetzes vom 20. März 1909 gegen Verunstaltung und Störung der künstlerischen Einheit von Kirchen vorgegangen werden kann (vgl. außerdem den Hinweis a. a. O.). Ähnliche Bestimmungen, deren gleichfalls an dieser Stelle zu gedenken ist, enthalten Sachsen-Meiningen (o. II[15]) und Waldeck (o. II[29]).

[14] Sie liegen vor allem in der stärkeren Unterstellung des Privateigentums unter Denkmalschutz. Vgl. u. V.

5. bewegliche Denkmäler, d. h. bewegliche Gegenstände (auch Urkunden), deren Erhaltung wegen ihrer Bedeutung für die Geschichte, insbesondere auch die Kunst-, Kultur- und Naturgeschichte des Großherzogtums, im öffentlichen Interesse liegt[15].«

Dieser weiter gedehnte, unbewegliche und bewegliche Kunstdenkmäler umfassende Schutz ist für Preußen und Bayern nicht in gleicher Weise mit einer einzigen Gesetzesvorschrift, wie in Oldenburg, zu belegen. Praktisch betrachtet kommen beide Staaten für unsere erste Gruppe — wenn wir dabei von dem Unterschiede in der Eigentumsfrage absehen — wesentlich auf dieselben Ergebnisse hinaus. Vorschriften des staatlichen Aufsichtsrechts über kirchliche und politische Gemeinden wirken hier mit Sonderquellen, wie den preußischen Gesetzen vom 2. Juni 1902 und 15. Juli 1907, dem PreußAusgrG. und dem bayer. Allerh. Erl. vom 6. September 1908, zusammen, um Denkmäler mit Mobiliar- und Immobiliarqualität zu erfassen[16]. Auch der Lüb. DG. E. 1911 bezeichnet als Denkmal im Sinne des Gesetzes

»jeden unbeweglichen oder beweglichen Gegenstand, dessen Erhaltung wegen seiner Bedeutung für die lübeckische Geschichte,

---

[15] Oldenb. DG. § 1. Auch der Bad. DG.E. 1884 (o. II[25]) bezeichnet als Denkmäler im Sinne des Gesetzes »Alle unbeweglichen und beweglichen Gegenstände, welche aus einer abgelaufenen Kulturperiode herstammen und als charakteristische Wahrzeichen ihrer Entstehungszeit für das Verständnis der Kunst und Kunstindustrie und ihrer geschichtlichen Entwicklung, für die Kenntnis des Altertums und für die geschichtliche Forschung überhaupt, sowie für die Erhaltung der Erinnerung an Vorgänge von hervorragendem, historischem Interesse eine besondere Bedeutung haben« (§ 1). Der Bad. DG.E. 1884 trifft auch eingehende Vorschriften über Ausgrabungen und Gelegenheitsfunde (§§ 12, 13, 14).

[16] Für Preußen s. die Belege hierfür o. II[5-8] und die Zitate bei Lezius, S. 64 ff., Heyer, S. 104 ff. und Bredt (o. II[5]). Inwieweit im einzelnen der durch das staatliche Aufsichtsrecht gewährleistete Schutz in Preußen gegenüber den Kunstdenkmälern politischer Gemeinden anders wirkt, wie gegenüber kirchlichem Kunstbesitz, wird u. V bemerkt. Für Bayern vgl. die Nachweise o. II[9], insbesondere W. M. Schmidt, S. 11, Heyer, S. 155 ff., Recht u. Verwaltung des Heimatschutzes in Bayern, S. 122 ff., R. Steinmetz, Denkmalschutz und Denkmalpflege für vor- und frühgeschichtl. Altertümer in Bayern (Würzburger Diss. 1912), Freih. v. Heydt in Denkmalpflege, Bd. I (1910) S. 294 ff. Das Bayer. G. v. 6. Juli 1908 hat die Gemeindeordnungen ausdrücklich dahin ergänzt, daß in den Art. 159 bez. 59 als Ziffer 4a eingefügt wurde: »Bei Veräußerung, Belastung, Restaurierung oder Veränderung beweglicher Sachen von prähistorischem, historischem oder kunsthistorischem Wert.«

insonderheit die lübeckische Kunstgeschichte, im öffentlichen Interesse liegt« (§ 1),
und läßt die Beschränkungen, denen der Entwurf in § 3 unbewegliche Denkmäler unterwirft, auf bewegliche Denkmäler sinngemäß Anwendung finden (§ 5)[17]. Wird der künftige Gesetzeswortlaut den Vorschlägen der zweiten Kommission entsprechen, so werden auch beide Arten von Denkmälern, trotz der von der Kommission vorgeschlagenen wesentlichen Änderungen des Entwurfs, dem Schutze unterstellt werden[18]. Was endlich den neuesten Entwurf, den Württ. DG. E. 1914, betrifft, so sind »Denkmale im Sinne des vorliegenden Gesetzes«

»solche Gegenstände der Kunst oder des Altertums, deren Erhaltung vermöge ihres künstlerischen oder wissenschaftlichen Werts oder vermöge der sich an sie knüpfenden Erinnerungen im öffentlichen Interesse gelegen sind. Eingeschlossen sind insbesondere auch vorgeschichtliche Gegenstände, alte Münzen, Bücher sowie Urkunden und ältere geschichtlich wertvolle Akten« (Art. 1).

Diese Begriffsbestimmung ist so allgemein gehalten, daß sie bewegliche wie unbewegliche Gegenstände deckt. Sie nimmt auch in Art. 4 ausdrücklich für den Fall der Grabungen auf unbewegliche Denkmale Bezug. Tatsächlich liegt jedoch der Schwerpunkt des Württ. DG. E. 1914, abgesehen von Art. 4, ausschließlich im Bereiche der beweglichen Altertümer. Die neue Bauordnung, die zu dem Gesetz vom 28. Juli 1910 führte, hat Vorschriften im Interesse der Erhaltung von Baudenkmälern und eigenartigen Orts-, Straßen- und Landschaftsbildern gebracht. Die Begründung zum Württ. DG. E. erklärt im Hinblick hierauf ausdrücklich, »es bliebe abzuwarten, welche Wirkung die neuen Vorschriften haben werden ... Jedenfalls scheiden die in der Bauordnung geregelten Gegenstände der Denkmalpflege aus dem gesetzgeberischen Vorgehen bis auf weiteres aus[19].«

2. Hand in Hand mit dem Schutze der Kunstdenkmäler geht in einem Teil der Landesgesetze der Schutz der Gegenstände unserer zweiten Gruppe, der Naturdenkmäler. Wir umfassen mit diesem Ausdrucke nicht nur

---

[17] Oben II[10].

[18] Vgl. den Bericht der 2. Kommission v. 18. Nov. 1913 (o. II[10]), S. 2. Für die Eigentumsfrage s. u. V[6] und IV[10].

[19] S. die Begründung zum Entwurf (o. II[11]), S. 5. Für das geltende Recht Württembergs s. auch die am Schlusse von II[11] aufgeführten kirchlichen Erlasse zum Schutze beweglicher Kunstgegenstände und Altertümer.

»Natürliche Bildungen der Erdoberfläche, wie Wasserläufe, Felsen, Bäume u. dgl., deren Erhaltung aus geschichtlichen oder naturgeschichtlichen Rücksichten oder aus Rücksichten auf landschaftliche Schönheit oder Eigenart im öffentlichen Interesse liegt . . . .«[20].
Vielmehr stellen wir unter den Ausdruck »Naturdenkmäler« auch bewegliche Gegenstände, die naturgeschichtlich (z. B. paläontologisch) von Bedeutung sind[21].

Auffallend ist, wie spät dieser Schutz in Deutschland einsetzt. Das Großherzogtum Hessen ist in der Tat der erste Staat gewesen, der diese Frage auf dem Wege der Gesetzgebung systematisch anfaßte. Bedauerlicherweise hat Hessen darin weniger Nachfolge gefunden, als zu erwarten und zu wünschen war. Eng hat sich seinem Vorgänger Oldenburg durch Herübernahme der hessischen Bestimmungen angeschlossen[22]. Schon der Lüb. DG. E. 1911 aber enthält über Naturdenkmäler — unbewegliche wie bewegliche — keine Vorschrift, obwohl es an beiden gerade in Lübeck nicht fehlt. Nehmen wir die beweglichen Naturdenkmäler voraus, so macht sich sogar gegen die vom HessDG. eingeleitete Bewegung in den neuesten gesetzgeberischen Arbeiten eine Gegenströmung geltend. Jedenfalls ist es in Preußen nicht gelungen, im AusgrG. einen allgemeinen Schutz naturgeschichtlich bedeutsamer Funde zu erreichen. Wohl enthielt der erste Entwurf des PreußAusgrabG. in § 1 Abs. 1 die Vorschrift:

»Eine Grabung nach Gegenständen von kulturgeschichtlicher oder naturgeschichtlicher Bedeutung darf nur in der Weise erfolgen,

---

[20] So die Definition des Hess. DG. Art. 33. Ihr ist das Oldenb. D.G. in § 1 Ziffer 2 gefolgt: »Naturdenkmäler, d. h. besonders charakteristische Gebilde der heimatlichen Natur wie Seen, Wasserläufe, Hügel, Felsen, Bäume und dergleichen, deren Erhaltung aus geschichtlichen oder naturgeschichtlichen Rücksichten oder aus Rücksichten auf die landschaftliche Schönheit oder Eigenart im öffentlichen Interesse liegt.«

[21] Das Hess. DG. will sie, wie aus der Begründung zum Entwurf (o. II [2]), S. 39 hervorgeht, mit dem Ausdruck des Art. 26 decken: »Werden in einem Grundstück verborgene unbewegliche oder bewegliche Gegenstände von kulturgeschichtlicher oder sonst geschichtlicher Bedeutung . . . aufgefunden.« Vgl. dazu a. a. O.: »Eine geschichtliche Bedeutung liegt auch vor, wenn es sich um ein Interesse für die Naturgeschichte oder Menschenkunde (Anthropologie) handelt.« Oldenb. DG. stellt die oben im Text genannten Gegenstände in § 1 unter Ziffer 5.

[22] Vgl. die unmittelbar vorhergehenden beiden Anmerkungen und o. III bei Anm. 15.

daß nicht das öffentliche Interesse an der Förderung der Wissenschaft und Denkmalpflege beeinträchtigt wird[23].«

Ebenso stellte § 4 Abs. 1 für »Gelegenheitsfunde« Gegenstände von kulturgeschichtlicher und naturgeschichtlicher Bedeutung einander gleich. Bereits im Abgeordnetenhause aber wurden Bedenken laut. Sie führten im § 4 Abs. 1 zu einer Abschwächung des Entwurfs durch Einschaltung des Wortes »erheblich«[24]. Noch stärker waren die Einwendungen, die im Herrenhause erhoben wurden. Man gelangte dort zur Streichung des ganzen § 4 und brach damit eine der wichtigsten Vorschriften aus dem Gesetz heraus[25]. Um das Gesetz zustande zu bringen, gab deshalb der zweite Entwurf dem § 1 Abs. 1 die engere Fassung:

»Eine Grabung nach Gegenständen, die für die Kulturgeschichte einschließlich die Urgeschichte des Menschen von Bedeutung ist . . .«

und § 5 Abs. 1 des zweiten Entwurfs (= § 4 des ersten Entwurfs) schloß sich dieser Fassung mit den Worten an:

»Wird in oder auf einem Grundstück ein Gegenstand, der für die Kulturgeschichte einschließlich der Urgeschichte des Menschen von erheblicher Bedeutung ist, gelegentlich entdeckt . . .«[26].

In dieser Fassung ist der Entwurf Gesetz geworden. Es ist ein Vorteil, daß damit wenigstens ein besonders wichtiger Teil der naturgeschichtlich bedeutsamen Funde gesichert wird. Immerhin ist die Einschränkung aus wissenschaftlichen Gründen zu bedauern. Die rückläufige Bewegung, die der zweite preußische Entwurf eines AusgrabG. angetreten

---

[23] Oben II[2].

[24] § 4 Abs. 1: »Wird in oder auf einem Grundstücke ein Gegenstand mit erheblicher kulturgeschichtlicher oder naturgeschichtlicher Bedeutung gelegentlich entdeckt . . .« (Vgl. Abg.H. Drucks. 1912/1913 Nr. 1484 S. 9841.)

[25] Vgl. Stenogr. Ber. d. HerrenH. 34. Sitzung v. 2. Mai 1913 Sp. 1595; s. hierzu auch die Ausführungen v. Bruchhausen's und v. Gwinner's a. a. O. Sp. 1590.

[26] Die Begründung (o. II[7]) erklärt dazu S. 11: »Dem Schutze des Gesetzes unterstehen Gegenstände, die für die Kulturgeschichte, einschließlich der Urgeschichte des Menschen (§§ 1, 5, 8) oder für die Urgeschichte der Tier- und Pflanzenwelt (§§ 4, 8) von Bedeutung sind. Während die frühere Vorlage Gegenstände von naturgeschichtlicher Bedeutung schlechthin, mithin auch allgemein geologische und mineralogische Stücke, umfaßte, beschränkt sich der jetzige Entwurf im Verfolg einiger im Landtag erhobener Bedenken auf Gegenstände »von paläontologischem Werte«. Der in dem eben zitierten Satze der Begründung angeführte § 4 enthält nach den Worten »die für die Urgeschichte der Tier- oder Pflanzenwelt von Bedeutung sind« noch den Zusatz »(Grabungen . . .) insbesondere nach Versteinerungen«. Das Herrenhaus hat diesen Zusatz gestrichen.

hat, macht sich sogar im Württ. DG. E. 1904 noch schärfer geltend, denn der württembergische Entwurf hat die beweglichen Naturdenkmäler von vornherein vollständig ausgeschaltet[27]. Und doch ist gerade Württemberg besonders reich an wichtigen naturgeschichtlichen Funden. Der württembergische Entwurf würde, wenn er in seiner vorgeschlagenen Fassung Gesetz würde, noch enger sein, als das PreußAusgrabG; denn die Begründung zu Art. 1: »Ausgeschlossen sind Gegenstände, die nicht von Menschenhand bearbeitet sind« gestattet nicht einmal die Einbeziehung solcher Funde, die (— sobald sie nicht Artefakte sind —) für die Urgeschichte des Menschen Bedeutung besitzen[28]. Es ist dringend zu wünschen, daß das Württ. DG. E. auf diesem Punkte eine Erweiterung erhält.

Auch für die unbeweglichen Naturdenkmäler ist die Schaffung eines Schutzes in anderen Einzelstaaten nicht mit der gleichen Bestimmtheit erfolgt, wie in Hessen und Oldenburg. Vor allem besteht in Preußen kein gesetzlicher Schutz, der die zwangsweise Erhaltung unbeweglicher Naturdenkmäler unabhängig von ihrer Umgebung ermöglichte[29], denn die Gesetze vom 2. Juni 1902 und 15. Juli 1907 schützen nur »Landschaften«; die Sicherung eines Naturdenkmals läßt sich deshalb auch nur in Verbindung mit einem landschaftlichen Schutze erreichen[30]. Von anderen Territorien gestattet Baden zum Schutze hervorragender Naturdenkmäler örtliche Bauordnungen, während Hamburg der Naturdenkmäler in § 1 seines Baupflegegesetzes, Württemberg in Art. 11

---

[27] Der Grund der Motive (o. II[11]) S. 6, daß Naturdenkmale im allgemeinen auf dem bloßen Verwaltungswege erfolgreicher geschützt werden könnten, als Kunstdenkmale, ist nicht voll überzeugend; vor allem dürfte er gegenüber naturgeschichtlich bedeutsamen Fundstücken nicht zutreffen.

[28] Auch für Funde dieser Art kommt Württemberg in hervorragender Weise in Betracht.

[29] Vgl. Heyer, S. 113.

[30] Von diesem Punkte aus ist in Preußen unter der tatkräftigen Hilfe von Conwentz viel geschehen. Vgl. H. Conwentz, Die Gefährdung der Naturdenkmäler und Vorschläge zu ihrer Erhaltung, Denkschrift (Berlin 1904); H. Conwentz, Beiträge zur Naturdenkmalpflege, Berlin 1910 ff., auch Heyer, S. 112; s. auch Fürst Wilhelm v. Hohenzollern, Gedanken u. Vorschläge zur Naturdenkmalpflege in Hohenzollern (Berlin 1911). — Für die Naturpflege in Bayern vgl. Recht u. Verwalt. des Heimatschutzes in Bayern S. 6 ff.; auch Heyer, S. 160 ff.; G. Eigner, Der Schutz der Naturdenkmäler, insbesondere in Bayern (Stuttgart 1905); G. Eigner, Naturpflege in Bayern (München 1908).

der Bauordnung vom 28. Juli 1910 gedenkt[31]. Wie aber bereits aus dem Zusammenhange beider Vorschriften hervorgeht, handelt es sich dabei nicht um die Sicherung der Substanz eines solchen Denkmals gegen Zerstörung, sondern nur um seinen Schutz gegen eine verunstaltende Umgebung. Das, was erreicht, und der Weg, auf dem dieses Ziel erstrebt wird, fällt deshalb auch in diesen Einzelstaaten wesentlich unter die dritte der von uns unterschiedenen Gruppen.

3. Gerade diese dritte Gruppe (Heimatschutz) hat in der Gesetzgebung des letzten Jahrzehnts eine besonders lebhafte Berücksichtigung und Förderung erfahren[32]. Als Ziel der Heimatschutzbewegung ist oben S. 147 die Erhaltung des mit dem Heimatgefühl der Bewohner verwachsenen überlieferten Gepräges unserer Ortschaften und unserer Landschaft, verbunden mit den überkommenen Zügen des Volkslebens und der heimischen Natur, bezeichnet worden. Bei diesem weitgedehnten Aufgabenkreise liegt die schwierige Frage darin, was gesetzgeberisch faßbar ist. Wie auf manchem anderen einer Rechtsformulierung bedürfenden Gebiete, so besteht auch hier eine ganze Reihe idealer Forderungen, die von unserer Gesetzestechnik nicht ergriffen und in Gesetzesworte gekleidet werden können. Gesetzgeberisch als Gegenstand faßbar ist der überkommene Besitzstand unseres Orts- und Landschaftsbildes. Als Gesetzesziel — mit der Möglichkeit einer gesetzlichen Formulierung — erscheint der Schutz dieses Besitzstandes gegen Verunstaltung. Die ersten Versuche zur Verwirklichung dieses Schutzes setzen in Preußen und Hessen fast gleichzeitig ein[33]. Was sie zunächst erstreben — wenigstens gilt dies von dem kurzen PreußG. vom 2. Juni 1902 — erscheint uns von dem heutigen Stande des Heimat-

---

[31] Für Baden vgl. o. II [25], auch Ludw. Klein, Die botanischen Naturdenkmäler des Großherzogt. Baden und ihre Erhaltung (Karlsruhe 1904); für Hamburg o. II [18]. Die württ. Bauordn. v. 28. Juli 1910 (o. II [11]) bestimmt, daß bei der Feststellung neuer oder der Abänderung alter Ortsbaupläne auf die Erhaltung der Naturdenkmäler Rücksicht genommen werden soll.

[32] Literaturnachweise s. besonders o. I [3,4,5,6], vor allem Heyer und Bredt, C. J. Fuchs, Handb. d. Polit.[2] Bd. III S. 162 ff.

[33] Hess. DG. Art. 35, Preuß. G. v. 2. Juni 1902 (o. II [8]). Hessen hat es bisher bei diesem Art. 35 seines DG. bewenden lassen und befindet sich dadurch in Hinblick auf die Gefahr einer Verunstaltung von Stadt und Land gegenüber Preußen (Ges. v. 15. Juli 1907) und denjenigen Staaten, die sich Preußen angeschlossen haben, im Rückstande. Vgl. Heyer, S. 87. — Für Schutzversuche in Preußen vor dem G. v. 2. Juni 1902 vgl. u. a. O. Bühler, Die subjektiven öffentl. Rechte (1904) S. 187 bei Anm. 297.

schutzes aus kein hochgestecktes Ziel. Es ist der Kampf gegen die Verunstaltung landschaftlich hervorragender Gegenden durch Reklameschilder, Aufschriften und Abbildungen. Dieser erste Schritt war aber doch der entscheidende. Er war zugleich der erste Sieg derjenigen, die auf die Notwendigkeit eines gesetzlichen Schutzes unserer Heimat immer von neuem hingewiesen hatten. Schon nach fünf Jahren konnte man an eine wesentliche Vertiefung dieser Maßnahmen denken. Ihren gesetzlichen Ausdruck fand diese Vertiefung in dem PreußG. vom 15. Juli 1907[34]. Der Gegenstand des Schutzes ist in Preußen dadurch erweitert worden, daß sich das Gesetz vom 15. Juli 1907 nicht mehr nur gegen die Verunstaltung landschaftlich hervorragender Gegenden, sondern neben ihnen gegen die Verunstaltung von Ortschaften, »der Straßen oder Plätze der Ortschaften oder der Ortsbilder«, wendet. Vor allem aber handelt es sich nicht mehr nur um die Abwehr des Reklameunwesens, sondern um den ungleich weitergehenden Schutz gegen bauliche Verunstaltungen. Und dieser erweiterte Kreis des Heimatschutzes bildet seitdem das feste Ziel, auf das auch in anderen Einzelstaaten die Landesgesetzgebung gerichtet ist[35]. Die Belege dafür sind aus unserer Quellenübersicht unter II. unschwer zu entnehmen. Vielfach — so in Sachsen, Oldenburg, Braunschweig, Sachsen-Koburg-Gotha, Bremen[36] — ist die gesetzliche Ordnung dieser Frage im (mehr oder minder) unmittelbaren Anschluß an das preußische Vorbild erfolgt. Aber auch dort, wo die Landesgesetzgebung nach dem Zusammenhange und der Formulierung ihrer Vorschriften selbständigere Wege gegangen ist — wie in Württemberg, Baden, Mecklenburg-Schwerin,

---

[34] Oben II[8]; Heyer, S. 109 ff.; Bredt, Heimatschutz S. 13 ff.

[35] Nur in den Fürstentümern Schwarzburg-Rudolstadt und Schaumburg-Lippe bildet der Kampf gegen die verunstaltende Reklame den Kern der Gesetze v. 24. Dez. 1910 (o. II[22]) und v. 21. März 1911 (o. II[23]). In beiden Fällen jedoch erweitert auf Ortsbilder, Straßenbilder und Bauwerke; in Schwarzburg-Rudolstadt außerdem erweitert durch Erstreckung des Gesetzes auf verunstaltende Schutthalden, Steinbrüche u. ä.

[36] Für Sachsen vgl. o. II[19]. Dabei genügt in Sachsen eine Verunstaltung schlechthin. Das sächs. Ges. v. 10. März 1909 hat also den in Preußen umstrittenen Ausdruck »gröblich« (vgl. Bredt, Heimatschutz S. 16 ff.; Heyer, S. 35, 110, vor allem Stintzing, S. 60 ff.) weggelassen. Daß Sachsen das »muß« der preußischen Vorlage v. 15. Juli 1907 § 1 in ein »kann« verwandelt hat, verdient Zustimmung (vgl. auch Bredt a. a. O. S. 39). Die Belege für Oldenburg s. o. II[3], für Braunschweig II[16], Sachsen-Koburg-Gotha II[21], Bremen II[17].

SachsenWeimar, Anhalt, Waldeck, Reuß j. L., Hamburg und Lübeck —, erscheint nach dem Wortlaut der einschlagenden Bestimmungen als gesetzgeberisches Ziel immer wieder »der Schutz des Orts- und Landschaftsbildes gegen Verunstaltung«[37]. —

Im Beginn unserer Ausführungen unter III. wurde darauf hingewiesen, daß eine Unterscheidung im Hinblick auf die Gegenstände des Schutzes auch darnach zu machen sei, ob Eigentum des Staates, der Kirchen, der politischen Gemeinden oder ob Eigentum einer natürlichen oder juristischen Person des Privatrechts vorliegt. Wir verbinden die Antwort auf die hieraus entstehenden Fragen richtiger mit den Erörterungen unter V. Es wird sich ergeben, daß die Eigentumsfrage auf die Anwendung des Denkmalschutzgesetzes einen erheblichen Einfluß ausübt und vielfach zu beträchtlichen Einschränkungen der Anwendung führt. Ein weiteres praktisch wichtiges Regulativ für die Anwendung bildet ein Moment, das die rechtliche Unterlage für die Denkmalschutzgesetzgebung liefert: das öffentliche Interesse[38].

IV. Rechtliche Natur des Schutzes.

Wer die Behauptung aufstellt, daß das lebende Geschlecht seine Anschauungen über den Staatsbegriff und über die Aufgaben des Staates im Vergleich mit den Anschauungen vor 50 Jahren vertieft hat, von dem fordert man heute nicht mehr Beweise. Keine Beweise verlangt man auch von dem, der die gleiche Behauptung im Hinblick auf das soziale Pflichtgefühl und das gesteigerte soziale Verständnis der lebenden Generation aufstellt. Beide Tatsachen sind Lichtseiten im Bilde der Gegenwart. Unter dem gleichen Zeichen steht in Deutschland die Entwicklung der Denkmalpflege und des Heimatrechts. Was Schinkel

---

[37] Vgl. für Württemberg die Bauordnung v. 28. Juli 1910 Art. 11 und 98 (o. II[11]) und hierzu Heyer, S. 144, 148 ff., Bredt a. a. O. S. 93 ff.; für Baden o. II[25] (s. Heyer, S. 133, 137), Mecklenburg-Schwerin o. II[26], Sachsen-Weimar o. II[27], Anhalt o. II[28], Waldeck o. II[29], Reuß j. L. o. II[24], Hamburg o. II[18], Lübeck o. II[10], auch Lüb. DG. E. 1911 § 4. — Das Elsaß-Lothringische Ges. v. 7. Nov. 1910 (o. II[32]) enthält nur den engeren Ausdruck »Schutz des Ortsbildes«. — Für Bayern vgl. einmal die Strafandrohung gegen verunstaltende Reklame in der durch Ges. v. 6. Juli 1908 geschaffenen Fassung des Art. 22b des PolStGB., weiter aber die Ausführungen bei Heyer, S. 158 ff. Bredt, S. 82 ff.; auch die Nachweise o. III[30].

[38] Vgl. u. IV[5].

im Jahre 1814 als programmatischen Punkt des Denkmalschutzes betonte — »Förderung der nationalen Bildung und des Interesses an dem früheren Schicksale des Vaterlandes« — wird heute niemand mehr bestreiten[1]. Mit Recht ist die Erhaltung der Zeugen für die geschichtliche Entwicklung eines Volkes als »eine der wichtigsten Kulturaufgaben des modernen Staates«, als »eine Lebensfrage für die Erhaltung des nationalen Sinns« bezeichnet worden. Es handelt sich dabei um nichts weniger, als um die Erziehung unseres Volkes zu nationalem Denken. Sie läßt sich nicht nur durch Hinweise auf die Errungenschaften der Gegenwart erreichen. Sie bedarf zugleich des in die Vergangenheit gerichteten Blicks. Dafür aber, daß dieser Blick sich nicht ins Phantastische verliert, sondern immer wieder den richtigen Maßstab erhält, bieten unsere Denkmäler die besten Augenpunkte.

Zu diesen ideellen Überlegungen treten unterstützend wirtschaftliche Gesichtspunkte hinzu. Man weist darauf hin, welche volkswirtschaftlichen Werte in unseren Denkmälern enthalten sind. Volkswirtschaftlich im Sinne John Ruskins, dessen Wort Carl Fuchs[2] mit Recht den Gegnern entgegenhält. Volkswirtschaftlich auch vom Standpunkte der in unserem Denkmalbesitz enthaltenen großen realen Werte, die der Staat als Hüter des nationalen Reichtums im Interesse künftiger Geschlechter gegen Raubbau sichern muß. Von anderer Seite wird als drittes unterstützendes Moment auf den Begriff »der öffentlichen Wohlfahrt« hingewiesen und seine Anwendung gefordert, um daraus den Anspruch auf die Erhaltung eines überkommenen Orts- und Landschaftsbildes herzuleiten. Es darf dabei daran erinnert werden, daß in Preußen die Vorschrift des PrALR. I, 8 § 33[3] bereits in der königlichen Order vom 20. Juni 1830 zum Zwecke des Denkmalschutzes verwendet worden ist[4].

---

[1] Vgl. u. a. die Begründung zum Hess. DG. S. 21 ff. (o. II²), sowie zum Württ. DG. E. 1914 S. 120, auch Pappenheim, Empfiehlt es sich reichsrechtlich oder landesrechtlich dem Staate ein Vorrecht an Altertumsfunden zu gewähren? (Gutachten für den 27. Juristentag, Verh. Bd. 2, 1904) S. 4, P. Clemen, Denkmalpflege Bd. I S. 127.

[2] Carl J. Fuchs, Heimatschutz und Volkswirtschaft (Flugschrift des Bundes Heimatschutz 1905) S. 21 ff.

[3] PrALR. I, 8 § 33.: »Soweit die Erhaltung einer Sache auf die Erhaltung und Beförderung des gemeinen Wohls erheblichen Einfluß hat, soweit ist der Staat deren Zerstörung und Vernichtung zu untersagen berechtigt.«

[4] Es handelte sich dabei um das Verbot der Zerstörung alter Stadtmauern, Wälle und Tortürme.

Das wesentliche für die juristische Betrachtung und Folgerung ist, daß alle diese Begründungen mit einem **öffentlichen Interesse** an der Erhaltung derjenigen Gegenstände, die als Denkmäler anzusehen sind, rechnen. Neben die anerkannten öffentlichen Interessen, die als Interessen der öffentlichen Sicherheit, der Feuerpolizei, Gesundheitspolizei u. a. erscheinen, tritt als neues anerkanntes öffentliches Interesse das Interesse der Allgemeinheit an der Erhaltung ideeller Werte, wie sie die Gebiete der Denkmalpflege umschließen. Weil es sich dabei um ein öffentliches Interesse handelt, so besteht Recht und Pflicht des Staates, auf dem Wege der Rechtsordnung Vorschriften zur Herbeiführung eines wirksamen Schutzes zu treffen und damit die Gleichstellung mit den bisherigen anerkannten und rechtlich geschützten öffentlichen Interessen durchzuführen. Daß in der Tat dieses öffentliche Interesse die Rechtsgrundlage des modernen Denkmalschutzes bildet, wird von den grundlegenden Bestimmungen unserer Schutzgesetze immer wieder ausdrücklich hervorgehoben[5]. Genannt seien z. B.:

Hess. DG. Art. 1 Abs. 1: »Steht einer juristischen Person des öffentlichen Rechts die Verfügung über ein Bauwerk zu, dessen Erhaltung wegen seiner Bedeutung für die Geschichte, insbesondere für die Kunstgeschichte, **im öffentlichen Interesse** liegt . . .«

Art. 33: »Natürliche Bildungen der Erdoberfläche . . ., deren Erhaltung aus geschichtlichen oder naturgeschichtlichen Rücksichten oder aus Rücksichten auf landschaftliche Schönheit oder Eigenart **im öffentlichen Interesse** liegt . . .«[6]

Oldenb. DG. § 1. Den Schutz dieses Gesetzes genießen: »1. Baudenkmäler d. h. Bauwerke, deren Erhaltung wegen ihrer kunstgeschichtlichen oder sonst geschichtlichen Bedeutung **im öffentlichen Interesse** liegt.«

Ebenso § 1 Ziffer 3 und Ziffer 5.

Lüb. DG. E. v. 1911 § 1 Abs. 2: »Als Denkmal im Sinne dieses Gesetzes gilt jeder unbewegliche oder bewegliche Gegenstand, dessen Erhaltung wegen seiner Bedeutung für die lübeckische Geschichte,

---

[5] Von außerdeutschen Quellen sei vor allem auf das französische Gesetz v. 30. März 1887 (o. III[5]) verwiesen. Es schützt nach Art. 1 Gegenstände, »dont la conservation peut avoir au point de vue de l'histoire... un **intérêt national**«.

[6] Vgl. hierzu auch S. 22 der Begründung (o. II[2]).

insbesondere die lübeckische Kunstgeschichte im öffentlichen Interesse liegt[7].«

Preuß. AusgrG. § 1: »Eine Grabung nach Gegenständen, die für die Kulturgeschichte einschließlich der Urgeschichte des Menschen von Bedeutung ist, darf nur in der Weise erfolgen, daß nicht das öffentliche Interesse an der Förderung der Wissenschaft und Denkmalpflege beeinträchtigt wird.«

Württ. DG. E. v. 1914 Art. 1: »Denkmale im Sinne des vorliegenden Gesetzes sind solche Gegenstände der Kunst oder des Altertums, deren Erhaltung vermöge ihres künstlerischen oder wissenschaftlichen Werts oder vermöge der sich an sie knüpfenden Erinnerungen im öffentlichen Interesse gelegen ist.«

Auch auf die Motive der Gesetze gegen die Verunstaltung von Stadt und Land kann verwiesen werden; beispielsweise sei nur die Begründung des unter V. an die Spitze gestellten Braunschw. Ges. vom 1. Februar 1911 hervorgehoben.

Weil es sich dabei um ein öffentliches Interesse, um »Interessen des Gemeinwohls« handelt, sind die Sätze, die hierfür aufgestellt werden, Sätze des öffentlichen Rechts. Für das Gebiet des öffentlichen Rechts aber steht den deutschen Einzelstaaten, soweit nicht das Reich auf Grund der Reichsverfassung die Kompetenz an sich gezogen hat, volle Bewegungsfreiheit zu. Die Mittel, deren sich die Einzelstaaten bedienen können, um die Bedürfnisse des Denkmalschutzes zu decken, sind Gesetz und Verordnung. Nur wird der Weg der Verordnung dann versagen, wenn es sich um Eingriffe in das Privateigentum handelt, die die Grenzen der erlaubten »polizeilichen« Mittel überschreiten. Gerade um deswillen ist der Erlaß gesetzlicher Vorschriften der

---

[7] Zu beachten ist, daß hier das öffentliche Interesse durch den Hinweis auf die lübeckische Geschichte eine engere territoriale Abgrenzung erfährt. Auch das Oldenb. DG. nimmt in § 1 Ziffer 5 eine solche territoriale Abgrenzung vor; aber diese Begrenzung hat keine präklusive Bedeutung, sondern stellt, wie die Worte »insbesondere auch die Kunst-, Kultur- und Naturgeschichte des Großherzogtums« zeigen, nur eine als wichtiges Beispiel gewählte Hervorhebung dar. — Die Schweizer Denkmalschutzgesetze betonen gleichfalls vielfach das kantonale Interesse. So z. B. die Loi du 10. sept. 1898 sur la conservation des monuments et des objets d'art du Kanton Waadt Art. 2: »De tout ce qui peut intéresser le canton sous le rapport de l'art, de l'histoire et spécialement des antiquités.« Übereinstimmend das Ges. v. 28. Nov. 1906 für den Kanton Wallis, Art. 1. Vgl. auch hierzu Art. 1 des Ges. v. 4. Nov. 1902 für den Kanton Neuenburg: »pour le pays un intérêt historique«.

gebotene Weg[8]. Ein solches in das Privateigentum eingreifendes Landesgesetz ist auch gegen Einwendungen gesichert, die unter Berufung auf das bürgerliche Recht des Reichs erhoben werden[9]. Das BGB. selbst gibt vielmehr in seinem EG. dem Landesrecht die gesetzlichen Unterlagen für sein Vorgehen. Sie liegen im EG. Art. 109:

»Unberührt bleiben die landesgesetzlichen Vorschriften über die im öffentlichen Interesse erfolgende Entziehung, Beschädigung oder Benutzung einer Sache, Beschränkung des Eigenthums und Entziehung oder Beschränkung von Rechten . . . .«

---

[8] Die gebotene gesetzliche Regelung kann auch so getroffen werden, daß das Landesgesetz nur die allgemeinen Grundsätze aufstellt und den Selbstverwaltungskörpern, insbesondere den politischen Gemeinden, das Recht überträgt, durch Statut (Ortsstatut) nähere Einzelvorschriften zu treffen. Von dieser Möglichkeit der Regelung ist in der einschlagenden deutschen Gesetzgebung häufig Gebrauch gemacht worden. Ohne Zweifel besitzt eine solche Ordnung, die auf lokale Verhältnisse eingerichtet werden kann, ihre Vorzüge. Vgl. hierzu Struckmann in Bd. I der Denkmalpflege (Oechelhäuser) 1910 S. 220 ff., Frhr. v. Biegeleben an der gleichen Stelle S. 235 und die Ausführungen a. a. O. S. 308 ff. Andererseits bestehen aber auch gegen einen solchen (— von dem kraft Gesetzes unmittelbar eintretenden Schutze verschiedenen —) »mittelbaren Schutz« Einwendungen, die nicht übersehen werden sollten. Vgl. dazu vor allem Heyer, S. 31 ff. Für die einzelnen Landesgesetze, die auf den Erlaß von Ortsstatuten verweisen, s. Preuß. G. v. 15. Juli 1907 (§ 1 enthält die kraft Gesetzes unmittelbar eintretende Regelung, während die in den §§ 2, 3, 4 enthaltene Regelung den Erlaß eines Ortsstatuts voraussetzt), Sächs. G. v. 10. März 1909 (o. II [19]), Württ. BauO. v. 28. Juli 1910 (o. II [11]), Bad. LandesbauO. (o. II [25]), Braunschweig (o. II [16]), Sachsen-Koburg-Gotha (o. II [21]), Elsaß-Lothringen (o. II [32]). Vgl. auch Mecklenburg-Schwerin (o. II [25]), Sachsen-Weimar (o. II [27]), für Hessen Bauordnung Art. 59 (vgl. dazu Frhr. v. Biegeleben a. a. O. S. 235), für Bremen Ges. v. 4. März 1909 § 3 (Besonderheit: für die Stadt Bremen durch Beschluß von Senat und Bürgerschaft, durch Ortsstatut nur für die Hafenstädte) und für Bayern die Neufassung des PolStGB. Art. 101 durch Ges. v. 6. Juli 1908 (dazu Bredt, Heimatschutz S. 82, Heyer S. 118 ff.). Als Beispiele für bekannte Ortsstatuten im Interesse der Erhaltung bayerischer Städtebilder vgl. die ortspolizeilichen Vorschriften für Nürnberg, Bamberg, Augsburg, Rothenburg o. T., München, Lindau, Schweinfurt u. a. (Nachweise bei Giesker S. 170 ff., Heyer S. 164 ff.), für Preußen s. eine Zusammenstellung bis 1909 bei F. Koch, Wichtige Ortsstatuten nach dem preuß. Verunstaltungsgesetz (Flugschrift des Bundes Heimatschutz) 1909, für Sachsen o. II [19]. — Sachsen kennt auch (abweichend von Preußen) die Herbeiführung einer Ortsvorschrift im Zwangswege (Ges. v. 10. März 1909 §§ 7, 8); vgl. hierzu H. Lieske, Die Gesetze gegen die Verunstalt. v. Stadt u. Land, eine krit. Betracht. (Berlin o. J.) S. 29. Günstiger als Lieske urteilt über die Möglichkeit einer solchen Zwangsmaßregel — m. E. mit Recht — Heyer, S. 32.

[9] Vgl. u. V.

EG. Art. 111: »Unberührt bleiben die landesgesetzlichen Vorschriften, welche im öffentlichen Interesse das Eigenthum in Ansehung thatsächlicher Verfügungen beschränken.«

EG. Art. 119 Z. 1: »Unberührt bleiben die landesgesetzlichen Vorschriften, welche 1. die Veräußerung eines Grundstücks beschränken[10].«

Die in Art. 109, 111 und 119 vorgesehenen Vorbehalte gestatten der Landesgesetzgebung beschränkende Vorschriften rechtlicher (EG. Art. 109, 119) wie tatsächlicher Natur (EG. Art. 111) zu treffen. Die Eingriffe in die Privatrechtssphäre im ersteren Sinne liegen in dem Enteignungsrecht des Art. 109 und in den bis zur vollen Unveräußerlichkeitserklärung gehenden Beschränkungen des Art. 119 Z. 1, die Eingriffe tatsächlicher Natur im Sinne von Art. 111 vor allem in Beschränkungen auf dem baulichen Gebiete. Dabei umfaßt der Vorbehalt der Art. 109 und 111 sowohl unbewegliche wie bewegliche Gegenstände[11]; nur Art. 119 bezieht sich ausschließlich auf Grundstücke. Keinen Unterschied begründet es bei der landesgesetzlichen Verwertung des Vorbehalts des Art. 109, in welcher äußeren gesetzlichen Verbindung ein solcher Eingriff in die Privatrechtssphäre festgelegt wird. Die Beschränkungen im Sinne der Enteignung können vielmehr ihre Festsetzung sowohl in einem eigentlichen Expropriationsgesetze erhalten, als auch einem Sondergesetz nach Art eines Forstgesetzes oder Denkmalschutzgesetzes eingegliedert werden. Auch für die Beschränkungen des Art. 111 und 119 Z. 1 ist es ohne Belang, in welcher landesgesetzlichen Verbindung sie erscheinen. Auch für sie ist die Einfügung in ein Baugesetz oder in ein Sondergesetz von der Art eines Gesetzes gegen die Verunstaltung von Stadt und Land jeder Zeit möglich. Wie weit die Landesgesetzgebung hierbei gehen darf, ist Gegenstand der Erörterung unter V. Hervorgehoben sei nur bereits an dieser Stelle, daß das EG. z. BGB. einen allgemeinen Vorbehalt zugunsten des Rechts des Denkmalschutzes nach Art des Vorbehalts der Art. 65 (Wasserrecht), 67 (Bergrecht), 69 (Jagd- und Fischereirecht) nicht ausgesprochen hat. Wäre dies der Fall, so stände den Landesgesetzgebungen unbeschränkt das Recht zu, Beschränkungen nach der rechtlichen und tatsächlichen Seite im öffentlichen wie privaten Interesse zu treffen. Wie die Dinge de

---

[10] Siehe hierzu auch GBO. § 83.
[11] Planck, Kommentar zum EG.³ Art. 109, Niedner, Kommentar z. EG. d. BGB. (Art. 109 und 111).

lege lata liegen, ist die Landesgesetzgebung bei Beschränkungen der Privatrechtssphäre an die Grenzen gebunden, die in Art. 109, 111 und 119 Z. 1 EG. gegeben sind.

V. Beschränkung des Eigentums.

1. Im allgemeinen.

Die am Ende unserer Ausführungen in Abschnitt IV hervorgehobene Frage des Eingriffs in Privateigentum ist für die Entwicklung des Denkmalrechts von jeher die Kardinalfrage gewesen. In Italien scheiterten acht Gesetzentwürfe, beginnend mit der Vorlage des Ministeriums Cesare Correnti (1872), wesentlich an dem Widerstande des Privateigentums; erst die zu stärkeren Konzessionen bereite Vorlage des Ministeriums Nasi (1902) wurde Gesetz[1]. Auch in Deutschland fehlt es hierfür nicht an Belegen. Ziehen wir jedoch den Durchschnitt, so darf festgestellt werden, daß sich die öffentliche Meinung und, getragen von ihr, die Gesetzgebung mehr und mehr entschlossen auf den Standpunkt stellt, daß »ohne Beschränkung des Privateigentums, ohne Beschränkung der Interessen des Verkehrs, der Arbeit, der individuellen Nützlichkeitsmotive« ein Denkmalschutz nicht durchführbar ist[2]. Als bezeichnender Beleg sei nur auf die Begründung des braunschweigischen Gesetzes vom 1. Februar 1911 verwiesen:

> »Daß ein Denkmalgesetz, wie immer es lauten mag, erhebliche Beschränkungen des Privateigentums im Gefolge hat, liegt auf der Hand; es muß aber in diesem Falle das Privateigentum hinter dem öffentlichen Interesse zurücktreten und von dem Gedanken ausgegangen werden, daß die Bau- und Naturdenkmäler eines Landes gleichsam der Gesamtheit angehören[3].«

---

[1] Wieland, Denkmal- und Heimatschutz, S. 7, Giesker, S. 141 u. o. III[4].

[2] Worte aus der Rede G. G. Dehio's am 27. Januar 1905 (Straßburg 1905), S. 13.

[3] Vgl. die Begründung in Anl. 153 der braunschweig. Landtagsverh. 1910, S. 8. Siehe auch Stenogr. Ber. d. preuß. AbgH. 1912/1913 Bd. 11 Sp. 15045. — Ein interessanter Versuch, den Schutz eines Baudenkmals auf vertragsmäßigem Wege herbeizuführen, ist in Baden gemacht worden. Der großh. Landesfiskus (Unterrichtsverwaltung) hatte zum Zwecke der Wiederherstellung eines geschichtlich bedeutsamen Gebäudes einen namhaften Geldbeitrag gewährt und sich als Gegenleistung von dem Eigentümer des Gebäudes eine persönliche Dienstbarkeit einräumen lassen. Den Inhalt dieser Dienstbarkeit bildete, daß ohne Genehmigung der Unterrichtsverwaltung an dem wiederhergestellten Gebäude keine Veränderung vorgenommen

Praktisch durchgeführt ist allerdings bisher dieser programmatische Standpunkt dem Privateigentümer gegenüber für die von uns o. S. 158 unterschiedenen drei Gruppen nicht in gleichem Maße. Als ausgeschlossen muß die Herbeiführung eines Schutzes im Interesse der dritten unserer Gruppen erscheinen, wenn man vor Eingriffen in das Privateigentum zurückschrecken wollte. Bei Ortschaften wird stets, bei landschaftlich hervorragenden Gegenden der Regel nach — wenn es sich nicht um ausgedehnten, vor allem um geschlossenen Staatsbesitz, handelt — die Eigentumssphäre Privater in Frage kommen. Die Gesetze gegen die Verunstaltung von Stadt und Land bestehen deshalb auch wesentlich aus Vorschriften, die neben dem Verbot verunstaltender Reklame die Ausführung privater Bauten überwachen und gegebenen Falls beschränken[4]. Von Baudenkmälern wird sich nur ein Teil im Eigentum des Staates befinden. Ein großer Teil ist Eigentum der Kirchen, der Gemeinden oder anderer öffentlicher Korporationen, ein Teil (in Städten wie Nürnberg, Augsburg, Hildesheim nicht der kleinste) Eigentum von natürlichen oder juristischen Personen des bürgerlichen Rechts[5]. Gerade an diesem Punkte hat die Denkmalschutzgesetzgebung in Deutschland am frühesten aus kunst- und kulturgeschichtlichem Interesse eingesetzt und Beschränkungen vorgeschrieben, durch die dem privaten Eigentümer die freie Disposition entzogen wird[6].

Schon an anderer Stelle wurde darauf hingewiesen, daß die bisherige Schutzgesetzgebung sich am zurückhaltendsten gegenüber Naturdenkmälern

---

werden dürfe, durch welche der Bestand des Hauses oder sein künstlerischer Wert berührt würde. Das Grundbuchamt hatte die Eintragung mit der Begründung abgelehnt, daß die in Frage stehende Belastung keinen wirtschaftlichen Vorteil für die Unterrichtsverwaltung gewähre und deshalb nach §§ 1019, 1090 BGB. nicht den Inhalt einer Dienstbarkeit bilden könne. Auf erhobene Beschwerde hat das Landgericht — m. E. mit zutreffender Begründung — die Eintragung angeordnet. Den Abdruck der Entscheid. v. 10. Mai 1908 s. in der Bad. Rechtspraxis 10. Jahrg. 1908 S. 234 ff.

[4] Vgl. o. III, 3 bei Anm. 32 ff.

[5] Auch unsere Burgen und Schlösser stehen zum großen Teil im Privateigentum.

[6] Gegenströmungen jedoch auch hier in den Kommissionsverhandlungen über den Lüb. DG. E. 1911 (Ber. 1912 Nr. XXXIII S. 2); auch die 2. Kommission, die sich entgegenkommender geäußert hat (Ber. 1913 Nr. XXIX S. 2 fg.), will Bauteile im Innern eines Privathauses (wie Treppen- oder Dielenanlagen) ausnehmen. S. u. Anm. 10.

und vor allem gegenüber beweglichen Denkmälern jeder Art (kunstgeschichtlichen wie naturgeschichtlichen) verhalte. Die unbeweglichen Naturdenkmäler werden ohne Zweifel in vielen Fällen durch den gesetzlichen Schutz im Sinne unserer dritten Gruppe gesichert[7]. Dagegen versagen die Schutzmittel der dritten Gruppe, sobald bewegliche Naturdenkmäler in Betracht kommen. Ausgesprochenermaßen[8] liegt der Grund für dieses Zurücktreten der beweglichen Denkmäler in der Scheu vor Eingriffen in das Privateigentum, das hier am stärksten beteiligt ist. Die einzige deutsche Gesetzgebung, die hier lückenlos vorgegangen ist, ist das Oldenb. DG. vom 15. Mai 1910. Es macht seine Anwendung nicht von der Vorfrage abhängig, wem das Eigentum zusteht, und gibt damit (verbunden mit dem o. S. 162 zitierten eingehenden Katalog) seinen Vorschriften für die im Privateigentum befindlichen Gegenstände die weitestgehende Wirkung. Hinter diesem weitgedehnten Kreise tritt das Hess. DG. dadurch zurück, daß es bewegliche Gegenstände nur ergreift, »soweit sie sich im Besitz von Gemeinden, Kirchen, Religionsgemeinden oder öffentlichen Stiftungen befinden« (Art. 3)[9]. Diesen Kreis hat auch bisher kein späteres Gesetz — außer dem Oldenb. DG. — überschritten. Jedenfalls ist der Versuch des Lübecker Entwurfs von 1911, dem Oldenburger Vorbilde in der Erfassung des Privateigentums zu folgen, bisher nicht geglückt[10]. Das Württ. DG., Entwurf von 1914, hat sich von

---

[7] Vgl. hierzu o. III[30].

[8] Stenogr. Ber. des preuß. Herrenh. 1912/1913 Sp. 1563, Begründ. z. Württ. DG. E. 1914 S. 120, auch Verh. der Lüb. Kommission an dem in Anm. 6 a. O.

[9] Für die Behandlung der Ausgrabungs- oder Gelegenheitsfunde s. Art. 25, 26; über die Eigentumsverhältnisse an ihnen entscheiden die allgemeinen Grundsätze des BGB. (insbesondere § 984). Unten V[24]. — Den Standpunkt des Oldenb. DG. im Hinblick auf das Privateigentum siehe in der Begründ. z. E. d. DG. (o. II[3]) S. 10. Der Bad. DG. E. 1884 stellt in § 4 seine Beschränkungen für »unbewegliche Denkmäler jeder Art« (»auch wenn sie im unbeschränkten Privateigentum stehen«) auf. In Hinblick auf bewegliche Denkmäler stimmt der Bad. E. mit dem von dem Hess. DG. eingenommenen Standpunkt überein (vgl. Bad. E. § 9).

[10] Vgl. dazu den in Anm. 6 zitierten 2. Kommissionsbericht. Das Ergebnis der Verhandlungen der 2. Kommission ist, daß bewegliche Gegenstände, die sich im Privatbesitz natürlicher Personen befinden, den Beschränkungen des Denkmalschutzgesetzes völlig entzogen werden sollen. Anders steht es dagegen bei unbeweglichen, im Privatbesitz natürlicher Personen befindlichen Gegenständen (s. jedoch die Einschränkung in Anm. 6). Denkmalschutz soll ferner für unbewegliche und bewegliche Gegenstände gelten, sobald eine juristische Person in Betracht kommt.

Anfang an dem Privateigentum gegenüber große — m. E. eine zu große — Zurückhaltung auferlegt; seine Vorschläge beschränken sich »auf die beweglichen Denkmäler in öffentlichem Besitz sowie auf die Ausgrabungs- und gelegentlichen Altertümerfunde«. Auch in anderen Territorien wird die Privatrechtssphäre im Hinblick auf bewegliche Gegenstände nur ergriffen, sofern (wie in Preußen und Bayern) Sondervorschriften über Ausgrabungen und Gelegenheitsfunde getroffen sind.

Nach der persönlichen Auffassung des Verfassers muß die Zukunft der Entwicklung unseres Denkmalschutzes auf eine stärkere Einengung des unbegrenzten Verfügungsrechts des Privateigentümers gerichtet sein. Ohne eine solche tiefergreifende Beschränkung, vor allem des Eigentümers beweglicher Gegenstände, wird sich ein wirksamer nationaler Denkmalschutz nicht durchführen lassen [11].

2. Die Beschränkungen im einzelnen.

Wenn der wichtigste Zweck eines Denkmalschutzgesetzes »Erhaltung im öffentlichen Interesse« ist, so müssen seine Eingriffe in die fremde Privatrechtssphäre in erster Linie als Verbote völliger oder teilweiser Beseitigung, Wiederherstellung oder sonstiger Veränderung [12] erscheinen.

---

[11] Siehe die Ausführungen V, 2 a. E.

[12] Z. B. Hess. DG. Art. 1, 3, Oldenb. DG. §§ 1, 13, Württ. DG. E. 1914, Art. 2, Bad. DG. E. 1884 § 4, Lüb. DG. E. 1911 §§ 3, 5. Stintzing, S. 47 ff. Für Naturdenkmäler vgl. Hess. DG. Art. 34, Oldenb. DG. § 11. Vor allem ist es dringend notwendig, daß in denjenigen Staaten, in denen [wie z. B. in Sachsen (vgl. Adolph a. a. O., S. 62) oder Baden (Heyer, S. 128)] nach der bisherigen Lage der Gesetzgebung die Zerstörung eines Denkmals nicht gehindert werden kann, zwingende Vorschriften getroffen werden. Als Beleg für die Fälle des Schutzes gegen Verunstaltung vgl. Preuß. G. v. 15. Juli 1907 § 2, wonach (bei Vorhandensein eines Ortsstatuts) »die baupolizeiliche Genehmigung zur Ausführung von Bauten und baulichen Änderungen zu versagen ist, wenn dadurch die Eigenart des Orts- oder Straßenbildes beeinträchtigt werden würde«. Unter der gleichen Voraussetzung der Beeinträchtigung kann bestimmt werden, »daß die baupolizeiliche Genehmigung zur Ausführung baulicher Änderungen an einzelnen Bauwerken von geschichtlicher oder künstlerischer Bedeutung ... zu versagen ist«. Entsprechende Vorschriften enthalten die o. III bei Anm. 36 und 37 zitierten Einzelquellen. Unter die tatsächlichen Beschränkungen gehört auch das Verbot der Anbringung verunstaltender »Reklameschilder und sonstiger Aufschriften und Abbildungen« (s. z. B. Preuß. G. v. 2. Juni 1902, Preuß. G. v. 15. Juli 1907 § 3, Sächs. G. v. 10. März 1909 § 1, Oldenb. G. v. 11. Januar 1910 § 3, Braunschw. G. v. 1. Febr. 1911 § 3, Hamb. BaupflG. v. 3. April 1902 § 2, Lüb. BauO. v. 25. Mai 1905 § 64, Anh. BauO. v. 19. Januar 1905 § 64, Mecklenb.-Schw. BaupolO. v. 27. Dez. 1911

Mit Recht hat Ad. Wach bei der Beratung des Sächs. G. vom 10. März 1909 erklärt: »Das Negative und nicht das Positive ist der Zweck des Gesetzes«[13]. Bei diesen Verboten handelt es sich um Beschränkungen tatsächlicher Natur, um Beschränkungen, welche Ausnahmen von der Bestimmung des § 903 BGB. zulassen und der Landesgesetzgebung durch Art. 111 ausdrücklich vorbehalten sind. Für bewegliche Gegenstände speziell besteht im Oldenb. DG. und im Lüb. DG.E. 1911 das einschneidende Verbot einer Ausfuhr aus den engeren Landesgrenzen. Auch dieses Verbot fällt unter DG. Art. 111, denn es handelt sich dabei, wie der Lübecker Entwurf es ausdrückt, um ein bloßes »Entfernen aus dem Staatsgebiet«, nicht um den Übergang an einen neuen Eigentümer auf dem Wege des Rechtsgeschäfts. Unter Art. 111 fallen ferner die dem Eigentümer eines Denkmals auferlegten Pflichten positiver Art, vor allem die Unterhaltspflicht, d. h. die Pflicht, das Denkmal vor Verfall, Untergang oder Verlust zu bewahren[14]. Weiter gehört hierher die über die bloße Unterhaltspflicht hinausgehende Fürsorgepflicht im Sinne des Art. 21 des Hess. DG. Hier begnügt sich das Gesetz nicht nur damit, einer Gemeinde als Eigentümerin die ordnungsgemäße Erhaltung eines Baudenkmals oder beweglichen Denkmals anzusinnen. Dieses Ansinnen der aufsichtsführenden Behörde kann vielmehr auf Wiederherstellung[15] sowie (bei einem Baudenkmal) auf eine aus künstlerischen oder geschichtlichen Rücksichten gebotene Freilegung gerichtet werden. Zu den tatsächlichen Beschränkungen im Sinne des Art. 111 ist endlich die akzessorisch erscheinende Anzeigepflicht des Eigentümers eines Denkmals, der eine Veränderung oder ähnliches vornehmen will, oder desjenigen, der eine Ausgrabung beabsichtigt bzw. einen Gelegenheitsfund macht, zu rechnen[16]; ebenso die gleichfalls akzessorisch auf-

---

§ 47, auch o. III[35]). Die Pflicht, bei Inkrafttreten des Gesetzes bereits vorhandene Reklameschilder nachträglich auf Anordnung zu entfernen (vgl. Hess. DG. Art. 35 Abs. 1, Sachsen-Koburg-Gotha [o. II[21]] § 8 Abs. 2), fällt unter die o. im weiteren Text erwähnten Pflichten positiver Art.

[13] Verh. d. I. sächs. K., 44. Sitzung v. 12. Mai 1908.

[14] Oldenb. DG. § 18 Abs. 1 (entnommen dem Hess. DG. Art. 21 Abs. 1): »Gemeinde- und sonstige Kommunalverbände, denen die Verfügung über ein Denkmal zusteht, sind verpflichtet, für die ordnungsmäßige Unterhaltung ... Sorge zu tragen«.

[15] So auch Oldenb. DG. § 18.

[16] Z. B. Hess. DG. Art. 15 ff., 25, 26, Oldenb. DG. §§ 21, 22, Bayer. AusgrE. § 2, Preuß. AusgrabG. § 5, Lüb. DG. E. 1911 §§ 13, 14, Württ. DG. E. 1914 Art. 5. So auch bereits der Bad. DG. E. 1884 § 13.

tretende Duldungspflicht, die dem Kontrollbeamten des Denkmalschutzes das Recht einräumt, Einsicht in den Stand des unter Denkmalschutz gestellten Gegenstandes zu nehmen[17]. Alle die obengenannten Pflichten sind nur die Hauptfälle. Die geltenden Bestimmungen enthalten mancherlei Ausgestaltungen und Kombinationen; so z. B. neben der Anzeigepflicht desjenigen, der bei Grabungen ein bewegliches oder unbewegliches Denkmal findet, die Pflicht, die Arbeit für eine bestimmte Zeit einzustellen[18], »den entdeckten Gegenstand und die Entdeckungsstätte in unverändertem Zustande zu erhalten«[19] oder »bei der Ausführung der Arbeiten wie bei der vorläufigen Behandlung und Sicherung der aufgefundenen Denkmale den Verfügungen der zuständigen Behörde nachzukommen«[20].

Zu dieser Beschränkung tatsächlicher Natur treten als Beschränkung der rechtlichen Verfügungsmacht das an den Eigentümer gerichtete Gebot, zu einer Veräußerung die staatliche Genehmigung einzuholen und, als denkbar schärfster Eingriff, die Enteignung.

Folgen wir hierbei der Ordnung des EG. z. BGB., so gewährt Art. 109 die Unterlage für die landesgesetzliche Regelung der Enteignung. Die

---

[17] Beispielsweise Hess. DG. Art. 29 (vgl. auch Art. 20, 24), Oldenb. DG. § 25, Lüb. DG.E. 1911 § 17. Jos. Kohler fordert sogar DJZ. 1904 Sp. 775 die gesetzliche Festlegung der Verpflichtung des Eigentümers, jedermann mindestens an gewissen wiederkehrenden Tagen gegen mäßiges Eintrittsgeld die Besichtigung zu gewähren (»natürlich unter den Vorsichtsmaßregeln, die auch bei Verwaltung von Museen geboten sind«). Kohlers Vorschlag ist ideal gedacht und erscheint in Hinblick auf Beispiele, wie sie K. für Italien anführt, nicht so fernliegend, als er vielen klingen wird. Es ist aber m. E. nicht leicht, ihm das Wort zu reden, weil er ja nicht nur die im Besitz eines Privatmanns befindlichen Gegenstände selbst trifft, sondern in den meisten Fällen viel tiefer in seine übrige Privatrechtssphäre, vor allem in die Ruhe und Ordnung seines Hauswesens eingreift. Er wird deshalb — abgesehen von der Schwierigkeit praktischer Durchführung — bei der Interessenabwägung (vgl. u. VI, I) an der Härte des Eingriffs scheitern. Sollte eine Gesetzgebung je an die Verwirklichung der Kohlerschen Forderung denken, so könnte es sich nur um ganz hervorragende Einzelstücke oder um Fälle handeln, in denen (wie bei Privatsammlungen in Schlössern u. a.) die angedeuteten Härten nicht ohne weiteres der praktischen Durchführung entgegenständen. Ablehnend Giesker, S. 56 ff., nur bedingt zustimmend (nach Art der vorstehenden Ausführungen) Heyer, S. 184.

[18] Hess. DG. Art. 26 Abs. 2, Oldenb. DG. § 22, Lüb. DG.E. 1911 § 14, Württ. DG.E. 1914 Art. 5.

[19] Preuß. AusgrabG § 6 Abs. 1. Vgl. auch bayer. AusgrabG. § 2 Abs. 2.

[20] Württ. DG.E. 1914 Art. 4 Abs. 4.

Denkmalschutzgesetze Deutschlands machen — wenn wir dabei ihre Gesamtzahl unter II zugrunde legen — von der zwangsweisen Entziehung des Eigentums nicht so oft Gebrauch, als man annehmen könnte. Die Erklärung hierfür liegt nicht fern. Bestimmend ist einmal die berechtigte Scheu vor der ultima ratio einer Enteignung, wenn sich das erstrebte Schutzziel auf anderem Wege erreichen läßt; letzteres ist in der Tat bei unbeweglichen Denkmälern in der Mehrzahl der Fälle durch Maßnahmen im Sinne des Art. 111 EG. möglich. Weiter aber scheut der Staat die finanziellen Opfer, die eine Expropriation für ihn im Gefolge hat. Es gibt jedoch für die wirksame Durchführung eines organisierten Denkmalschutzes Fälle, in denen das Mittel der Enteignung unentbehrlich ist. Das ist, um die Worte des Hess. DG. Art. 19[21] zu gebrauchen, der Fall, wenn ein solches Vorgehen erforderlich ist:

---

[21] Es handelt sich bei den im Text zitierten Stellen des Art. 19 nicht um eine Entziehung des Eigentums, sondern nur um eine Beschränkung im Wege der Enteignung (s. Wagner, Handausgabe des Hess. DG. S. 40). Vgl. für die Frage der Enteignung F. W. Bredt, Denkmalschutz im Wege der Enteignung; ein Beitrag zur Denkmalpflege unter besonderer Berücksichtigung des Reichslandes (Straßburg 1905), Stintzing, S. 22 fg., Giesker, S. 63 ff. In den folgenden Ausführungen des Textes werden diejenigen Landesgesetze genannt, die im sondergesetzlichen Zusammenhange des Denkmalschutzes Bestimmungen über Enteignung treffen. Die Enteignung steht jedoch als letztes Mittel auch ohne ein solches Sondergesetz dort zur Verfügung, wo nach den Vorschriften der allgemeinen Enteignungsgesetze als Voraussetzung nur ein »öffentliches Interesse« oder ein »öffentlicher Nutzen« verlangt wird. Vgl. u. a. für Preußen Enteignungsgesetz v. 11. Juni 1874 und dazu Lezius, S. 15 Anm. 1, Bredt a. a. O. S. 13, Heyer, S. 106 (Enteignungen im Interesse des Denkmalschutzes sind z. B. erfolgt beim Danewerk in Schleswig, zur Erhaltung der Oldenburg, der Kirche Wang bei Brückenberg im Riesengebirge, der Umgebung der Marienburg, des Siebengebirges) — für Sachsen Enteignungsgesetz v. 24. Juni 1902 (GesVBl. S. 153 »für ein dem öffentlichen Nutzen gewidmetes Unternehmen«) —, für Elsaß-Lothringen französ. Enteignungsgesetz v. 3. Febr. 1841 (Bredt a. a. O. S. 4, vgl. die Hinweise auf die in Frankreich auf der Grundlage dieses Gesetzes erfolgten Enteignungen zugunsten der Theater von Arles und Orange bei Bredt, S. 9). In Staaten, die in ihren Enteignungsgesetzen das System der Spezialnumeration besitzen, würde (ohne Nennung der Denkmalpflege unter den Enteignungsgründen) das allgemeine Enteignungsgesetz versagen (vgl. das bayer. Gesetz, die Zwangsabtretung von Grundeigentum zu öffentl. Zwecken betreff., v. 17. Nov. 1837). — Auch dort, wo die allgemeinen Enteignungsgesetze bereits die Möglichkeit einer Expropriation für unsere Fälle bieten, empfiehlt es sich, in Verbindung mit Bestimmungen des Denkmalschutzes diese Möglichkeit nochmals besonders auszusprechen. So auch Heyer, S. 181.

1. »Zum Zwecke der Erhaltung eines Baudenkmals, dessen Unterhaltung oder Sicherung in einer seinen Bestand oder die Erhaltung wesentlicher Teile gefährdenden Weise vernachlässigt wird;
2. zum Zwecke einer durch künstlerische oder geschichtliche Rücksichten gebotenen Freilegung eines Baudenkmals, sofern nicht derselben überwiegende öffentliche oder private Interessen entgegenstehen.«

Art. 30 a. a. O. fügt als dritten Fall hinzu: die Enteignung »zum Zwecke der Ausführung von Ausgrabungen nach unbeweglichen oder beweglichen, vermutlich in einem Grundstück verborgenen Gegenständen von kulturgeschichtlicher oder sonst geschichtlicher Bedeutung, welche durch Grabungen oder sonst in ihrem Tatbestande gefährdet sind, oder bezüglich welcher der Verfügungsberechtigte eine sachgemäße Ausgrabung ohne wichtige Gründe weder vorzunehmen noch zuzulassen gewillt ist.«

Das Oldenb. DG. § 24 und der Lüb. DG.E. §§ 11 und 18 haben sich diesem Vorgehen Hessens fast wortgetreu angeschlossen; auch das Braunschw. Ges. vom 1. Februar 1911 § 7 stellt in sachlich etwas engeren Grenzen ein solches staatliches Enteignungsrecht im öffentlichen Interesse auf. Hessen, Oldenburg und Lübeck stimmen aber überdies in Verbindung mit der Frage der Enteignung noch in einem anderen Punkte eng miteinander überein: Sie gewähren bei Versagung der erbetenen Genehmigung (Hess. DG. Art. 14 Abs. 2, Oldenb. DG. § 17 Abs. 2, Lüb. DG.E. § 10 Abs. 2) sowie in den Fällen des Hess. DG. Art. 14 und 30[22] dem Eigentümer das Recht, die Übernahme des Eigentums durch den Staat zu verlangen. Alle drei Staaten erkennen damit, wie Grünhut und Layer es ausdrücken, einen »Anspruch des Eigentümers auf Expropriation« an[23]. Einen solchen Anspruch dem Staate gegenüber räumen Oldenb. DG. § 17 Abs. 2 und Lüb. DG.E. § 10 auch dem Eigentümer beweglicher Gegenstände ein, dem die erbetene Genehmigung versagt wird. Betrachtet man die letztgedachten Fälle genau, so liegt

---

[22] Übereinstimmend Oldenb. DG. § 24 Abs. 2, Lüb. DG.E. § 11 Abs. 2, § 18 Abs. 2. Für das hessische Recht vgl. W. Koppetsch. Das hess. Denkmalschutzges. v. 16. Juli 1902 u. seine Eingriffe in die bürgerlichrechtl. Eigentumsrechte (Jenaer Diss. 1902).

[23] C. Grünhut, Das Enteignungsrecht (Wien 1873), S. 230 fg., Layer, Prinzipien des Enteignungsrechts (Staats- u. völkerrechtl. Abhandlungen, herausgeg. von Jellinek und Anschütz, Leipzig 1902), S. 443 ff.

in diesem Anspruche des Eigentümers auf Übernahme durch den Staat kein eigentlicher Fall der Expropriation vor. Der Eigentümer selbst ist es ja, der die Übertragung seines Eigentums wünscht und den Staat zur Übernahme nötigt.

Fälle des mit dem Enteignungsrechte nahe verwandten Aneignungsrechts des Staates kommen bei beweglichen Gegenständen des Denkmalrechts in der bisherigen deutschen Gesetzgebung nur in Verbindung mit Ausgrabungen und Gelegenheitsfunden vor. Die Zahl der Beispiele dafür ist noch gering. Weder das Hess. DG. noch das Oldenb. DG. haben hier den entscheidenden Schritt getan und die Möglichkeit der Enteignung anerkannt [24]. Es ist als ein wichtiger Fortschritt zu betrachten, daß das Preuß. AusgrabG. § 8 Abs. 1 die Bestimmung trifft:

»Ein bei einer Ausgrabung oder gelegentlich in oder auf einem Grundstück entdeckter Gegenstand der in §§ 1 und 4 bezeichneten Art ist nach näherer Bestimmung der §§ 9 und 10 auf Verlangen gegen Entschädigung abzuliefern [25].«

Allerdings ist die Ablieferungspflicht daran gebunden, daß Tatsachen vorliegen, nach denen zu besorgen ist, daß der Gegenstand wesentlich verschlechtert werden wird oder daß er der inländischen Denkmalpflege oder Wissenschaft verloren geht (§ 9).

Auch der neueste Entwurf des Württ. DG.E. 1914 hat erfreulicherweise diese Aneignungsmöglichkeit anerkannt. Seine Anknüpfung an den Schatzbegriff des BGB. § 984 gibt der Bestimmung in Art. 8 eine feste Unterlage. Hinausgegangen über Preußen ist Württemberg dadurch, daß es eine Beschränkung im Sinne des § 9 des Preuß. AusgrabG. nicht anerkennt, sondern der Aufsichtsbehörde das volle freie Recht der Entschließung überläßt. Es ist diese etwas schärfere Tonart m. E. zu billigen, weil damit manche Schwierigkeiten, die bei der preußischen Vorschrift kaum zu vermeiden sind, von vornherein ferngehalten werden [26].

---

[24] Siehe oben V [9].

[25] Vgl. Begründ. z. Entwurf 1914 a. a. O. S. 10 (o. II [2]), auch Planck zu EG. Art. 109 Anm. 1 Abs. 3. Es ist damit das Ziel erreicht, das M. Pappenheim bereits 1904 (Verh. d. 27. DJT. Bd. 2, Gutachten S. 22) vorgezeichnet und empfohlen hat. S. auch an der gleichen Stelle S. 26 das Gutachten von P. Clemen.

[26] Man denke dabei an eine baldige nachträgliche Änderung der tatsächlichen Verhältnisse, mit denen § 9 des Preuß. AusgrabG. rechnet. Wie schwer ist in

Schwieriger ist die Beantwortung der weiteren Frage, in welchem Umfange das Landesrecht einen Schutz durch Veräußerungsverbote auszuüben vermag. In Hinblick auf unbewegliche Gegenstände ist die Antwort rasch zu geben. Sie liegt in EG. z. BGB. Art. 119 Z. 1[27]. Darf die gleiche Veräußerungsbeschränkung für bewegliche Gegenstände landesgesetzlich ausgesprochen werden[28]? Keine Hilfe kann hierfür EG. Art. 111 gewähren, da er nur Beschränkungen »in Ansehung tatsächlicher Verfügungen« aufrecht erhält. Eine landesgesetzliche Veräußerungsbeschränkung könnte deshalb nur auf EG. Art. 109 gestützt werden. Nun lautete EG. Art. 109 in E. I anders als in seiner heutigen Gestalt. E. I Art. 42 Abs. 1 (die Grundlage des heutigen Art. 109 EG.) bestimmte lediglich: »Unberührt bleiben die Vorschriften der Landesgesetze über die Zwangsenteignung«. Seine erweiterte Fassung erhielt der jetzige Art. 109 unter Berücksichtigung einer württembergischen Anregung[29]. An die Stelle des Ausdrucks »Zwangsenteignung« sind die Worte »Entziehung, Beschädigung oder Benutzung einer Sache, Beschränkung des Eigenthums und Entziehung oder Beschränkung der Rechte« getreten. Wäre der Ausdruck des E. I »Zwangsenteignung« stehen geblieben, so könnte man bei enger Auslegung zweifeln, ob Ver äußerungsbeschränkungen, wie sie das Oldenb. DG. § 13 enthält, darunter gestellt werden dürfen. Gegenüber der erweiterten Fassung schwindet jedoch m. E. ein solcher Zweifel. Unter diese Fassung fällt vielmehr auch eine im öffentlichen Interesse getroffene Minderung des freien Rechts zur Veräußerung beweglicher Gegenstände[30]. Es liegt in

---

solchen Fällen, auch wenn sich die Aufsichtsbehörde durch Kautelen gedeckt hat, eine etwaige Kontrolle.

[27] Art. 119 Z. 1 räumt der Landesgesetzgebung ganz allgemein das Recht ein, die Veräußerung eines Grundstücks zu beschränken (aus welchem Grunde diese Beschränkung erfolgt, ist ohne Belang). Belege s. z. B. im Hess. DG. Art. 1 Abs. 1, Oldenb. DG. § 9, für Preußen Heyer, S. 105. Die Nichtbeobachtung dieser Vorschriften würde unter § 134 BGB. fallen. Verfügungsbeschränkungen rechtlicher Natur enthielt auch bereits der Bad. DG.E. 1884 § 9; § 9 Satz 2 bezeichnete die unter Nichtachtung der erforderlichen Genehmigung abgeschlossenen Verträge ausdrücklich als nichtig.

[28] Wieland a. a. O. S. 46 Anm. 1 betrachtet die Antwort auf diese Frage als zweifelhaft. Bejahend Giesker, S. 151; auch J. Kohler, DJZ. 1904 Sp. 776 weist auf EG. Art. 109 ohne Einschränkung hin.

[29] Prot. II Bd. VI S. 471, 610.

[30] Dafür, daß sich EG. Art. 109 auch auf bewegliche Gegenstände bezieht, s. o. IV[11]. Vgl. dazu ferner Motive zum EG. S. 162: »Ein solches Eingreifen ist

einer derartigen Beschränkung keine allgemeine Außerverkehrssetzung der betreffenden Sache; für eine solche ist dem Landesrecht kein Raum gelassen[31]. Der Staat nimmt vielmehr nur für sich das Recht in Anspruch, bei der Veräußerung von Gegenständen, an deren Erhaltung in ihren bisherigen Verhältnissen ein öffentliches Interesse besteht, die Einholung der Genehmigung des Staates als Vertreters des öffentlichen Interesses zu fordern. Die Bestimmung des Oldenb. DG. § 13 Abs. 1 »Bewegliche Denkmäler, die den Schutz dieses Gesetzes genießen (§ 1), dürfen ohne Genehmigung der Denkmalschutzbehörde weder ganz oder zum Teil.... veräußert ... werden« ist deshalb für zulässig und gültig anzusehen. Denkbar wäre eine Bekämpfung dieser Ansichten mit dem Hinweise darauf, daß durch die Landesgesetzgebung die rechtliche Verfügungsmacht des Eigentümers nur im Rahmen der Art. 113, 115—117, 119 beschränkt werden dürfe. Durchschlagend würde jedoch dieser Einwand nach dem soeben Vorgetragenen nicht sein. Vor allem würde eine solche Ansicht dem »im weitesten Sinne auszulegenden Vorbehalte« des Art. 109 mit seinen mannigfaltig abgestuften Fällen nicht gerecht[32].

Sind somit der Landesgesetzgebung für die Gebiete des Denkmalschutzes durch die eben besprochenen Artikel des EG. hinreichende gesetzliche Mittel in die Hand gegeben, so bedarf es auch nicht des Rufes nach Schaffung eines allgemeinen Vorbehaltes im Sinne der Art. 65, 67, 69 EG., um der Ausgestaltung des Denkmalschutzes freie Bahn zu schaffen. Auf dem Gebiete der beweglichen Denkmäler ist nach dem

---

nicht bloß in Ansehung des dinglichen Rechtsverhältnisses der Grundstücke denkbar. Auch andere Vermögensgegenstände, insbesondere bewegliche Sachen, können durch die Enteignungswirkung berührt werden.«

[31] Motive zum EG. S. 165, auch Staudinger zum EG. Art. 111 Anm. 2b und Begründung z. Württ. DG.E. 1914 S. 120 (Württemberg operiert deshalb auch in Art. 2 Abs. 1 gegenüber bürgerlichen oder kirchlichen Gemeinden und öffentlichen Stiftungen mit der Forderung, die Genehmigung der aufsichtführenden Behörden einzuholen). — Zur Frage des Verbots des Eigentumserwerbs an beweglichen Denkmälern vgl. Giesker, S. 72 ff.

[32] Planck zu EG. Art. 109 Anm. 1 Abs. 2. Vgl. auch a. a. O. die Beispiele bei Planck, vor allem das Beispiel des gesetzlich festgelegten unentgeltlichen Überganges von Drucksachen auf den Amtsnachfolger eines Notars. Für die oben im Text aufgeworfene und durch eine über Art. 113 ff. hinausgehende Interpretation des Art. 109 beantwortete Frage darf auch nicht übersehen werden, daß es sich bei Art. 109 um Beschränkungen im öffentlichen Interesse handelt, — ein Moment, das bei Art. 113, 115—117, 119 fehlt.

Vorbilde, das Preußen in seinem neuen AusgrabG. gegeben hat, eine baldige Nachfolge anderer deutschen Staaten zu hoffen. Zu wünschen ist aber darüber hinausgehend auch eine Nachfolge für den eben zitierten § 13 des Oldenb. DG. Vielleicht findet dieser Wunsch für bewegliche im Privateigentum befindliche Denkmäler eher Erfüllung, wenn man die Grenzen territorial weiter zieht, als dies Oldenburg getan hat, und an die Stelle der Landesgrenze die Grenzen des deutschen Reiches setzt. Die grundsätzliche Berechtigung des Wunsches nach einer Beschränkung des freien Veräußerungs- bzw. Ausfuhrrechts werden diejenigen anerkennen, die das Schicksal so manches unersetzbaren Stückes verfolgen, und die wissen, wie viel uns in jedem Jahre unwiederbringlich an das Ausland verloren geht! Es ist nicht ohne Bedeutung, daß in der Beratung des Preuß. AusgrabG. im gleichen Sinne Wünsche laut geworden sind[33].

3. Die Klassierung.

Zieht man, wie es die vorangehenden Ausführungen zeigen, innerhalb der deutschen Denkmalschutzgesetzgebung auch das private Eigentum mehr und mehr in den Gesetzesbereich hinein, so wird man mit Recht eine sichere Kennzeichnung derjenigen Gegenstände fordern, die den Beschränkungen des betreffenden Schutzgesetzes unterliegen sollen. Begriffsbestimmungen, wonach als »Baudenkmäler« zu betrachten seien alle Bauwerke, »deren Erhaltung wegen ihrer kunstgeschichtlichen oder sonst geschichtlichen Bedeutung im öffentlichen Interesse liegt«, liefern doch nur allgemeine Hinweise. Das Gleiche gilt von den Begriffsbestimmungen beweglicher Denkmäler vorgeschichtlicher Bedeutung oder von Naturdenkmälern, wie sie die o. unter II und III angeführten Belege bieten. Es kann nicht von Jedermann (auch nicht von dem Gebildeten, geschweige dem Ungebildeten) volles sachverständiges Unterscheidungs-

---

[33] Vgl. z. B. Stenogr. Ber. d. Herrenh. 1912/1913 Bd. II Sp. 1593 (Fürst zu Salm-Horstmar), Stenogr. Ber. d. AbgH. 1914 Sp. 3285 (Abg. Linz) u. a. Bezeichnend sind für die in breiteren Kreisen sich mehr und mehr geltend machenden Anschauungen auch die Verhandlungen im preuß. Abgeordnetenhause über den Begriff »des gemeinen Wertes« gegenüber Auslandsgeboten (vgl. a. a. O. Sp. 3283 ff.). Das preuß. AusgrabG. bestimmt in § 8 Abs. 3 Satz 2 ausdrücklich: »Bei Bemessung des Wertes bleibt die Möglichkeit einer Veräußerung des Gegenstandes in das Reichsausland oder an einen Reichsausländer unberücksichtigt.« — Für die im Text behandelte Frage s. auch Heyer, S. 180. Wie weit man bei der Aufstellung solcher Beschränkungen gehen will, ist quaestio facti. Es lassen sich m. E. recht wohl Mittel und Wege für einen richtigen Ausgleich finden.

vermögen in diesen Dingen gefordert, — nicht als selbstverständlich betrachtet werden, daß Jeder, den diese Begriffsbestimmung angeht, ihre Tragweite für das eigene persönliche Gebiet erkennt. Und doch ist diese Kenntnis von einschneidendster Bedeutung für die Pflichten, deren Erfüllung nach der negativen wie positiven Seite dem Besitzer obliegen, gleich bedeutsam besonders auch für die empfindlichen Straffolgen, die den Besitzer bei Gesetzesverletzung bedrohen. **Der richtige Weg, hier feste Unterlagen und Klarheit nach allen Seiten zu schaffen, ist die Eintragung in eine Denkmalliste, die Klassierung.** Bei ihrer Durchführung lassen sich Unterschiede in Hinblick auf den Kreis der zu klassierenden Gegenstände, sowie Abstufungen nach der Seite der rechtlichen Wirkungen der Eintragung denken: **Unterschiede** darin, daß nur die im Privateigentum stehenden Denkmäler der Klassierung unterliegen, während die Denkmäler im Eigentum des Staates oder einer öffentlichen Korporation nicht klassiert werden, — **Abstufungen** darnach, ob man der Klassierung konstitutive oder lediglich deklaratorische Bedeutung beilegt.

Das Vorbild für ein solches Vorgehen liegt nicht in Deutschland, sondern im Ausland. Am konsequentesten hat Frankreich den Eintrag in Denkmallisten durchgeführt. Eingetragen werden hier mit konstitutiver Wirkung unbewegliche Denkmäler der öffentlichen wie der privaten Besitzer, letztere nur mit Zustimmung des Eigentümers. Auch bewegliche Gegenstände können »par les soins du ministre de l'instruction publique et des beaux arts« klassiert werden; ausgeschlossen ist nur eine Klassierung von beweglichen Gegenständen, die sich im Privateigentum befinden [34].

---

[34] Für die Klassierung in Frankreich vgl. Clemen, Die Denkmalpflege in Frankreich, S. 18 ff., Giesker, S. 132 ff. Die Zahl der klassierten Denkmäler beträgt in Frankreich nicht viel über 2000. Dem französischen Vorbild ist Rumänien (Ges. v. 15./29. Sept. 1892) gefolgt. Für Klassierung in der Schweiz vgl. das Berner Ges. über die Erhaltung der Kunstaltertümer und Urkunden v. 16. März 1902 (Giesker, S. 229), das Tessiner Decreto legislativo circa gli scavi per la ricerca di oggetti archeologici v. 19. Mai 1905 Art. 5 (Giesker, S. 244), Waadt (Giesker, S. 252), Wallis (a. a. O. S. 265), Neuenburg (a. a. O. S. 277). Das Klassement kennt ferner England (Ancient monuments protection act) v. 18. Aug. 1882 (vgl. Kohler, S. 78, Giesker, S. 178). Erfaßt werden nur 68 bestimmt bezeichnete Baudenkmäler und solche, die durch eine Order in Council jeweils bezeichnet werden; die Anwendung des Gesetzes ist aber an eine durch den Eigentümer freiwillig erklärte Unterstellung des Denkmals unter das Gesetz gebunden.

In Deutschland ist eine solche — wie H. Loersch es ausdrückt[35] — »amtliche Feststellung der Bedeutung und Würdigung eines Gegenstandes vom Standpunkte geschichtlicher oder künstlerischer Bedeutung und die Festlegung dieser Eigenschaft für alle Zukunft« bisher nur in geringem Maße durchgeführt. Hessen hat sich dem französischen Vorbilde in Hinblick auf Baudenkmäler, die im Privateigentum stehen, angeschlossen. Die Eintragung in die amtliche Denkmalliste besitzt für diese Fälle konstitutive Bedeutung[36]. Auch für die im Eigentum öffentlicher Verbände befindlichen Denkmäler soll eine Eintragung erfolgen; ihre Unterstellung unter das Denkmalschutzgesetz ist jedoch von dieser Eintragung nicht abhängig[37]. Auch in diesem Punkte ist Oldenburg über sein hessisches Vorbild hinausgegangen. Seine Denkmallisten sind unabhängig davon, ob es sich um Eigentum öffentlicher Verbände oder einer Privatperson handelt. In beiden Fällen ist die Klassierung Voraussetzung für die Unterstellungen unter die Vorschriften des Gesetzes vom 18. Mai 1911. Oldenburg klassiert auch entsprechend der Gleichstellung in § 1 seines Gesetzes völlig konsequent bewegliche geschichtliche Denkmäler und Naturdenkmäler[38].

---

[35] H. Loersch, Das französ. Gesetz v. 30. März 1887, S. 11.

[36] Ein dem Eintrag in die Denkmalliste gleichgestelltes Verfahren greift gemäß Art. 33 des Hess. DG. für Naturdenkmäler Platz. Die Vorschriften des Art. 10 Abs. 5 und 6 finden in diesem Falle entsprechende Anwendung ohne Unterschied, ob der Verfügungsberechtigte eine Privatperson oder eine Person des öffentlichen Rechts ist. Vgl. Art. 33 Abs. 5 und Wagner, Handausgabe S. 52, auch die AusführV. v. 29. Okt. 1902 (a. a. O. S. 84 ff.).

[37] Der Lüb. DG.E. 1911 folgt in § 6 »für Denkmäler, über welche Privatpersonen (natürliche Personen und juristische Personen des bürgerlichen Rechts) zu verfügen haben« dem hessischen Beispiel; die Bestimmungen der §§ 3, 4, 5 gelten für sie »nur insoweit, als sie in die Denkmalliste (§ 7) eingetragen sind«. Der Standpunkt des Württ. DG.E. 1914 wird durch die allgemeine Stellung des Entwurfs in der Abgrenzung seines Wirkungskreises (o. S. 178 fg.) bestimmt. Nach Art. 2 Abs. 3 werden »die in Abs. 1 genannten Denkmale (sc. die beweglichen Denkmale im Eigentum bürgerlicher oder kirchlicher Gemeinden sowie öffentlicher Stiftungen) mit Ausnahme der Urkunden und geschichtlich wertvollen Akten auf Anordnung der Aufsichtsbehörde in ein Denkmalverzeichnis eingetragen, bei dessen Aufstellung die Vertreter der Gemeinden und Stiftungen mitzuwirken haben«. Dem Eintrag kommt nur deklaratorische Bedeutung zu (vgl. Begründung S. 120). Für das geltende Recht Württembergs vgl. die Nachweise bei Heyer, S. 147 fg. Die Aufstellung eines Verzeichnisses und seine öffentliche Bekanntmachung sieht auch das Hamb. BaupflG. v. 3. April 1912 § 4 vor.

[38] Ausgenommen sind diejenigen Denkmäler, hinsichtlich deren der Staat verfügungsberechtigt ist (Oldenb. DG. § 28).

Aus dem Kreise der praktischen Denkmalpflege sind gegen eine umfassendere Verwertung des Klassements gelegentlich Einwendungen erhoben worden[39]. Vom juristischen Standpunkte aus ist m. E. dem Gedanken und einer weitgehenden Durchführung der Klassierung das Wort zu reden[40]. Nur dadurch wird die erforderliche volle Sicherheit geschaffen, — Sicherheit nicht nur für die Allgemeinheit und ihre Interessen, sondern Sicherheit vor allem auch für den Eigentümer, sei dies ein öffentlicher Verband oder eine natürliche oder juristische Person des bürgerlichen Rechts. Die praktischen Schwierigkeiten, die dabei zu überwinden sind, sollen nicht verkannt werden; sie verkennt auch, wie die Begründung zeigt, nicht das Oldenb. DG. Aber diese Schwierigkeiten sind nicht so beträchtlich, daß die Geltendmachung der rechtlichen Bedeutung der Klassierung dahinter zurücktreten müßte.

VI. Interessenabwägung und Entschädigung.

Der Eingriff in die fremde Rechtssphäre, der mit den Forderungen des Denkmalschutzes verbunden ist, wird in einer großen Zahl von Fällen mit Gegeninteressen zusammenstoßen. Ein solcher Zusammenstoß ist auf unserem Gebiete keine absolute Notwendigkeit, denn die Erfüllung, die der Denkmalschutz fordert, wird sich nicht selten nur im Rahmen des eigenen Interesses desjenigen halten, dem die Erfüllung angesonnen wird. Gerade weil aber die Hauptaufgaben unseres Denkmalschutzes in der **Erhaltung im öffentlichen Interesse** liegen, werden die Forderungen des Gesetzes vielfach mit Einzelinteressen, vor allem Einzelinteressen wirtschaftlicher Natur, kollidieren. So entsteht

---

[39] Vgl. z. B. Denkmalpflege, Bd. I 1910 S. 131.

[40] Siehe auch Wieland, S. 20, Giesker, S. 30 ff., Heyer, S. 32 ff. Mit Recht empfehlen Heyer, S. 34 und Giesker, S. 39 für die Klassierung Publizität (Eintrag ins Grundbuch). Auf diese Weise würde auch die Denkmalseigenschaft bei Berechnung des Kaufpreises von jedem Käufer in Rechnung gezogen werden können. — Vgl. ferner Begründ. z. Lüb. DG.E. (o. II [10]) S. 6 und Begründ. z. Oldenb. DG. (o. II [3]) S. 12. Lübeck betont mit Recht, daß die Denkmalliste den Privatpersonen die Möglichkeit biete, »von vornherein ihre persönlichen Interessen dem öffentlichen Interesse des Denkmalschutzes gegenüber zu vertreten«.

[41] Vgl. an dem in der vorigen Anm. zit. Orte. Oldenburg besitzt praktische Vordrucke für die Denkmallisten, von denen drei (für Baudenkmäler, Naturdenkmäler und bewegliche Denkmäler) geführt werden; praktisch sind auch die Oldenburger Formulare für Mitteilungen an die Verfügungsberechtigten.

ein Konflikt entgegenstehender Interessen, der des Ausgleichs bedarf. Die Lösung kann bestehen:
1. in einer **Interessenabwägung** mit Prüfung, welchem der einander widersprechenden Interessen der Vorrang gebührt,
2. in einer **Entschädigung** desjenigen, dem die Erfüllung einer Forderung angesonnen wird, die vom Standpunkte der Allgemeinheit berechtigt, vom Standpunkte des einzelnen nur als unverhältnismäßig persönliches Opfer erscheint.

1. Interessenabwägung.

Unsere Ausführungen unter V heben die wichtigsten Verbote und Gebote hervor, die als Hauptinhalt des Denkmalschutzes erscheinen. Sie richten sich an diejenigen, denen das Recht zusteht, in tatsächlicher oder rechtlicher Beziehung über einen Gegenstand, der z. B. als geschichtliches oder als Naturdenkmal erscheint, zu disponieren. Ihnen gegenüber hat das Verbot der Zerstörung oder Veränderung oder das Gebot eines bestimmten Verhaltens im Falle einer Grabung zwingenden Charakter. Für sie besteht ohne weiteres die Pflicht strikter Beobachtung. Inwieweit dagegen die Verwaltungsbehörde, sobald ein zur Entscheidung kommender Einzelfall vorliegt, die Durchführung der gesetzlichen Verbote oder Gebote verlangt, ihre Genehmigung zu einer geplanten baulichen Veränderung endgültig versagt, eine begonnene Grabung ungehindert fortsetzen läßt o. ä., ist Frage ihres pflichtmäßigen Ermessens. Schon in der Prüfung, die dieser Entscheidung der aufsichtsführenden Behörde vorangeht, ist eine Interessenabwägung enthalten. Als Beleg sei nur darauf hingewiesen, daß z. B. das Oldenb. DG. in § 9 das an den Verfügungsberechtigten gerichtete Verbot in die Worte kleidet:

»Baudenkmäler im Sinne des § 1 dürfen ohne Genehmigung der Denkmalschutzbehörde weder ganz oder teilweise beseitigt noch veräußert, verändert, wiederhergestellt oder erheblich ausgebessert werden«; dagegen in der Regelung der Genehmigung (a. a. O. § 14) die Form wählt:

»Eine nach §§ 9, 10, 11 und 13 Abs. 1 erforderliche Genehmigung **kann versagt, aber auch unter Bedingungen erteilt werden**«[1].

---

[1] Vgl. für die in dem Worte »kann« liegende Interessenabwägung auch Sächs. Ges. v. 10. März 1909 § 2, Braunschw. Ges. v. 1. Febr. 1911 § 1, Mecklenb.-Schwer.

Dieses »kann« vermag der Gesetzgeber der Aufsichtsbehörde entweder vorwegzunehmen, oder zu erleichtern. Vorwegzunehmen dadurch, daß er Fälle aufführt, in denen die Genehmigung unbedingt zu versagen ist, — zu erleichtern dadurch, daß er diejenigen Momente angibt, bei deren Vorhandensein der Interessenkonflikt zugunsten der Verfügungsberechtigten zu lösen ist. Das erstere ist der Fall, wenn der Gesetzgeber, wie z. B. in Preuß. Ges. v. 15. Juli 1907 § 1 vorschreibt:

»Die baupolizeiliche Genehmigung zur Ausführung von Bauten und baulichen Änderungen **ist zu versagen**, wenn dadurch Straßen oder Plätze der Ortschaft oder das Ortsbild **gröblich verunstaltet werden würde**«[2].

Schwieriger ist die legislative Gestaltung der zweiten Möglichkeit. Preußen hat hierbei eine minder glückliche Hand gehabt. Es gedenkt einer Interessenkollision im Gesetz vom 15. Juli 1907 in zwei Verbindungen: Einmal ist nach § 2 Abs. 2 in Fällen, in denen ein Ortsstatut baupolizeiliche Beschränkungen für bestimmte Straßen und Plätze von geschichtlicher oder künstlerischer Bedeutung vorgeschrieben hat, von der Anwendung des Ortsstatuts abzusehen,

»wenn die Bauausführung nach dem Bauentwurfe dem Gepräge der Umgebung der Baustelle im wesentlichen entsprechen würde und die Kosten der trotzdem auf Grund des Ortsstatuts geforderten Änderungen **in keinem angemessenen Verhältnisse zu den dem Bauherrn zur Last fallenden Kosten der Bauausführung stehen würden**«.

BaupolO. v. 27. Dez. 1911 § 47, Brem. Ges. v. 4. März 1909 § 2, Reuß j. L. Ges. v. 28. März 1911 § 15 Abs. 2. Der gleiche Gedanke kommt zum Ausdruck, wenn das Gesetz von der Aufsichtsbehörde den Ausdruck »ist befugt« gebraucht; so Preuß. Ges. v. 2. Juni 1902 (o. II[8]), Schwarzb.-Rudolst. Ges. v. 24. Dez. 1910 einz. Paragr., Schaumb.-Lippe Ges. v. 4. März 1911 einz. Paragr., Hamb. Bauges. v. 3. April 1902 § 2. Für Baden vgl. Heyer, S. 138 und Stintzing, S. 82.

[2] Auch Oldenb. Ges. v. 11. Jan. 1910 § 1 (o. II[4]), Sachsen-Koburg-Gotha Ges. v. 10. und 20. April 1909 § 1 (o. II[21]). Vgl. auch § 9 des Lüb. DG.E. 1911: »Die Genehmigung **ist zu versagen**, wenn der beabsichtigten Handlung oder Unterlassung aus geschichtlichen oder kunstgeschichtlichen Rücksichten Bedenken entgegenstehen, welche die durch eine Versagung der Genehmigung berührten Interessen **überwiegen**. Aus anderen Gründen darf die Genehmigung nicht versagt werden.« S. hierzu auch die Begründung zum Lüb. DG. (o. II[10]) S. 6 fg.

Weiterhin aber kann nach § 8 Abs. 1 a. a. O. für landschaftlich hervorragende Teile die baupolizeiliche Genehmigung zur Ausführung von Bauten und baulichen Änderungen außerhalb der Ortschaften nur versagt werden:

»Wenn dadurch das Landschaftsbild gröblich verunstaltet werden würde und dies durch **die Wahl eines anderen Bauplatzes** oder **eine andere Baugestaltung** oder die **Verwendung anderen Baumaterials** vermieden werden kann.«[3]

Stintzing hat gegen beide Formulierungen Einwendungen erhoben und besonders die Unzulänglichkeit der an 2. Stelle gedachten Vorschrift nachgewiesen[4]. Jedenfalls erscheint die Vorschrift des Sächs. Ges. v. 10. März 1909 § 2 Abs. 1 ungleich geschlossener und klarer. Darnach ist von einer Beschränkung durch Schutzmaßregeln abzusehen, wenn durch die Versagung der Genehmigung zur Ausführung von Bauten oder baulichen Änderungen dem Bauherrn ein unverhältnismäßiger wirtschaftlicher Nachteil oder Kostenaufwand erwachsen würde[5]. Es werden damit die möglichen zwei Grundtypen des Interessenkonfliktes getroffen. »Entweder bedeutet die beschränkende Verfügung für den Bauherrn die Zumutung eines Mehraufwandes, oder sie bedeutet eine Beschränkung der wirtschaftlichen Ausnützung seines Grundbesitzes«[6]. Dieser Feststellung ist nicht nur gesetzestechnisch, sondern

---

[3] Dem preußischen Vorbilde folgen Oldenb. Ges. v. 11. Jan. 1910 § 2 Abs. 2, § 7 Ziff. 2, Sachsen-Koburg-Gotha Ges. v. 10. u. 20. April 1909 § 2 Abs. 3, § 9 (o. II [21]) und Brem. Ges. v. 4. März 1909 § 2 Abs. 1 (= § 8 Abs. 1 des Preuß. Ges. v. 15. Juli 1907).

[4] Stintzing (o. I [3]) S. 31 fg., 37 ff. Es sei hier auf diese Ausführungen verwiesen.

[5] Übereinstimmend Hamburg. BaupflGes. § 3 Abs. 1 (Sonderzusatz in Abs. 2, daß der Einspruch der Kommission zurückzuziehen ist, wenn die von der Kommission für nötig erachteten Maßnahmen die gesetzlich statthafte Ausnutzung des Baugrundes nach Grundfläche oder Höhe beschränken würden), Reuß j. L. Ges. v. 28. März 1911 § 15. Braunschw. Ges. v. 1. Febr. 1911 verbindet die sächsische Formulierung (§ 1) mit der preußischen Fassung (§ 2 Abs. 2). Das Bayer. PolStGB. v. 6. Juli 1908 Art. 101 gestattet baupolizeiliche Vorschriften »im Interesse der Verschönerung«. Wie ausdrücklich in Art. 101 Abs. 3 Satz 2 bestimmt wird, »dürfen die hierauf gegründeten Abänderungen des Bauplanes die Kosten der Bauführung nicht wesentlich vermehren«. Die gleiche Vorschrift fand sich bereits im Bayer. PolStGB. v. 10. Nov. 1861 und bildete den ersten gesetzgeberischen Versuch einer Interessenabwägung. Vgl. Stintzing, S. 181.

[6] Vgl. die eingehenden Untersuchungen Stintzings a. a. O. S. 64 ff. Stintzing weist vor allem mit Recht auf die Verschiedenheit der im Text genannten beiden

auch vom Standpunkte der Praxis der Vorzug zu geben. Sie ist allgemein genug gefaßt, um alle in Verbindung mit dem Denkmalschutz auftretenden Fälle zu decken, und ist andrerseits bestimmter gefaßt, als die zu allgemeine Vorschrift der Württ. BauO. Art. 98 Abs. 1, wonach Bauausführungen zu untersagen sind, »wenn durch ihre Unterlassung oder Änderung die Verunstaltung ohne wesentliche Schädigung der Beteiligten abgewendet werden kann«[7].

Ein Interessenkonflikt, wie er in den eben besprochenen Vorschriften auftritt, läßt sich aber nicht nur in der Erhaltung eines Bauwerks oder Landschaftsbildes denken. Er ist auch bei der Pflege beweglicher Denkmäler möglich. Man denke z. B. an die Beschränkungen des § 13 Abs. 1 des Oldenburger DG.[8]. Hier enthält Oldenburg eine Interessenabwägung speziell für den Fall, daß es sich um die Ausfuhr eines beweglichen Denkmals aus dem Großherzogtum handelt. Die Genehmigung zur Ausfuhr darf nach § 13 Abs. 2 in billigenswerter Weise nicht versagt werden,

»wenn das Denkmal durch Erbgang an einen außerhalb des Großherzogtums Wohnenden gefallen ist, oder, wenn es sich um ein Denkmal handelt, das schon seit längerer Zeit sich im Besitz des Verfügungsberechtigten oder dessen Familie befindet und der Verfügungsberechtigte seinen Wohnsitz im Großherzogtum aufgibt[9].«

2. Entschädigung.

In den Fällen unter 1 sahen wir die ideellen hinter den wirtschaftlichen Interessen zurückweichen. Ein Denkmalschutz unterbleibt, weil das Gegeninteresse des Verfügungsberechtigten als das stärkere erscheint. Die zweite Möglichkeit einer Lösung des Interessenkonfliktes besteht

---

Fälle hin; bei der Zumutung eines Mehraufwandes handelt es sich um ein einmaliges Geldopfer, das dem Verfügungsberechtigten angesonnen wird, bei der Beschränkung der wirtschaftlichen Ausnutzung dagegen um eine dauernde Minderung des freien Dispositionsrechts.

[7] Zu allgemein auch Hess. DG. Art. 4 Abs. 1, wonach die erforderliche Genehmigung zu versagen ist, wenn Bedenken entgegenstehen, »welche die anderweiten, etwa durch eine Versagung der Genehmigung berührten öffentlichen oder privaten Interessen überwiegen«.

[8] Zitiert o. S. 186.

[9] Wörtlich übereinstimmend Lüb. DG.E. 1911 § 5 Abs. 3. Die oben in Anm. 7 zitierte Vorschrift des Hess. DG. Art. 4 Abs. 1 findet infolge des Verweises auf Art. 3 auch für bewegliche Denkmäler Anwendung.

in der Durchführung des ideellen Interesses durch Überwindung des materiellen Gegeninteresses. Das Gesetz sucht aber das ungewöhnliche Opfer, das der Einzelne im Interesse der Allgemeinheit bringen muß, dadurch auszugleichen, daß es dem unterliegenden Teile einen Anspruch auf wirtschaftliche Entschädigung gewährt.

Im Einklang mit der oben unter IV festgesetzten rechtlichen Natur des Denkmalschutzes fehlt dieser Entschädigungsanspruch überall dort, wo es sich um eine Beschränkung handelt, die den Rahmen einer bloßen polizeilichen Maßnahme nicht überschreitet[10]. Eine solche Maßnahme ist dazu bestimmt, die Interessensphäre der Allgemeinheit vor verletzenden Eingriffen, wie sie z. B. in einer die Landschaft verunstaltenden Reklame liegen, zu schützen. Sie entspricht in dieser Abwehrtendenz den im Interesse der Allgemeinheit getroffenen Beschränkungen sicherheits-, gesundheits-, feuerpolizeilicher Natur. Der Vergleich rechtfertigt sich auch dadurch, daß auch diese Beschränkungen dem Einzelnen Lasten auferlegen, — Opfer, für die eine Entschädigung nicht gefordert werden kann. Blicken wir auf die Gesetze im Gebiete des Denkmalschutzes, so fehlt in der Tat die Anerkennung eines Entschädigungsanspruchs überall dort, wo die Landesgesetze gegen die Verunstaltung von Stadt und Land durch eine entstellende Reklame kämpfen oder das überkommene Orts- und Landschaftsbild auf dem Wege der baupolizeilichen Überwachung zu erhalten suchen. Das Gesetz wahrt diesen Standpunkt um so sicherer, als es die Sachlage nach den Grundsätzen der Interessenabwägung prüfen läßt und durch Sicherstellung des prävalierenden Einzelinteresses die Entstehung der Entschädigungsfrage vermeidet.

Wie unsere früheren Ausführungen zeigten, wird allerdings eine tiefergreifende Denkmalschutzgesetzgebung mit bloßen polizeilichen Abwehrmaßregeln nicht auszukommen vermögen[11]. Die moderne Denkmalpflege stellt im öffentlichen Interesse berechtigter Weise weitergehende Ansprüche. Sucht ihnen der Gesetzgeber zu entsprechen, so wird er oft genug Forderungen aufstellen, deren Erfüllung vom Standpunkte des

---

[10] Die folgenden Ausführungen können, um den gewährten Raum einzuhalten, nur die Hauptlinien angeben. Für die prinzipiellen Gesichtspunkte kann auf Stintzing a. a. O. S. 69 ff. Bezug genommen werden. Stintzing verwertet dabei mit Recht die auch von mir geteilte Auffassung Otto Mayers (Deutsches Verwaltungsrecht, Bd. I S. 249, 251, 258, 261, II S. 351) über den Polizeibegriff. Vgl. hierfür auch O. Gierke, Deutsches Privatrecht, Bd. II S. 503 ff.

[11] Vgl. o. V.

Einzelnen unverhältnismäßige persönliche Opfer verlangen; er wird deshalb ohne Zubilligung von Entschädigungsansprüchen nicht auskommen. Es ist dies ohne Zweifel eine der schwierigsten Aufgaben, die der Gesetzgeber auf unserm Gebiete zu lösen hat[12]. Vereinzelt haben bisher einige Landesgesetze mit dem Charakter von Baupflegegesetzen Vorschriften getroffen, die für unsere Frage als Belege heranzuziehen sind. Die Württ. BauO. vom 28. Juli 1910 bestimmt im Art. 97 Abs. 3:

»Wenn dem Bauenden durch die zur Erhaltung des künstlerischen oder geschichtlichen Werts des Baudenkmals erforderliche Änderung der Bauausführung ein erheblicher Mehraufwand oder sonst ein wesentlicher Schaden entstünde, kann er Ersatz des Schadens oder wahlweise statt des Schadenersatzes . . . dessen Erwerbung durch die Gemeinde oder den Staat beanspruchen[13].«

Auch Hamburg[14] und Bremen sind hier zu nennen, — Bremen wegen der in § 3 Ziffer 4 des Gesetzes vom 4. März 1909 gedachten Bauhilfe, die im Grunde genommen eine Entschädigung »in verdoppelter Form«[15] darstellt. Was hier für die Entschädigungsfrage geboten wird, ist aber doch nur ein kleiner Teil derjenigen Vorschriften, die die Praxis braucht. Die breiteren Unterlagen finden wir in den Denkmalschutzgesetzen i. e. S. Das Hess. DG. spricht in Art. 14 demjenigen, dem die erforderliche Genehmigung durch rechtskräftige Entscheidung versagt oder nur bedingungsweise erteilt wird, das Recht zu:

»binnen sechs Wochen von der Rechtskraft der Entscheidung an bei dem Ministerium des Innern Ersatz des ihm durch Versagung der Genehmigung oder durch nur bedingungsweise Genehmigung zugefügten Schadens seitens des Staates zu verlangen.«

Es bestimmt fernerhin im Art. 28:

»Der Staat ist zum Ersatz des Schadens verpflichtet, welcher einem Beteiligten durch Befolgung der auf Grund der Artikel 25 (Ausgrabung), 26 (Fund) getroffenen Anordnung verursacht worden ist[16].«

---

[12] Stintzing, S. 70, O. Mayer, Verwaltungsrecht II S. 346.
[13] Zur Erläuterung s. Heyer, S. 146 fg.
[14] BaupflGes. v. 3. April 1912 § 3 Abs. 4.
[15] Stintzing, S. 71, vgl. Bredt, Heimatschutzgesetzgebung, S. 33.
[16] Der Ersatzanspruch steht den natürlichen und juristischen Personen des bürgerlichen Rechts zu. Mit Recht wird bei Naturdenkmälern der Kreis der Ersatzberechtigten auf die juristischen Personen des öffentlichen Rechts ausgedehnt (Art. 33); es kann sich bei ihnen um Gegenstände handeln, die (wie Waldungen,

In Hinblick auf die Bemessung der dem Staate obliegenden Leistungen erklärt Art. 14 Abs. 3 die für die Entschädigung im Enteignungsverfahren geltenden Grundsätze für maßgebend. Oldenburg [17] ist dem hessischen Vorbilde gefolgt und auch der Entwurf des Lüb. DG. setzt in § 10 Abs. 1 und § 16 in gleichem Umfange eine allgemeine Entschädigungspflicht des Staates fest [18]. Eingehende Bestimmungen über die Entschädigungspflicht des Staates finden sich endlich im Preuß. AusgrabG. und im Württ. DG.E. 1904 [19]. Besonders die preußische Gesetzgebung beschäftigt sich sorgfältig in einer ganzen Reihe ihrer Sätze mit der Frage des Ersatzes. Beide Staaten gestatten auch folgerichtiger Weise, über die Höhe der Entschädigungssumme den Rechtsweg zu beschreiten. In diesen Vorschriften liegt — vom Hess. DG. beginnend — der Weg deutlich vorgezeichnet, den die Entwicklung unserer Landesgesetzgebung für die vom juristischen wie Vermögensstandpunkte gleich bedeutsame Frage der Entschädigungspflicht zu nehmen hat. —

In einem Überblick über den Stand der Denkmalpflege in Preußen vom Jahre 1903 findet sich das Wort:

»Der goldene Boden, auf dem allein die Denkmalpflege nachhaltig gedeiht, ist die Freiwilligkeit [20].«

Wir unterschreiben dieses Wort gern, denn eine Denkmalpflege, die nicht von der verständnisvollen Liebe der Bevölkerung getragen wird, ist tot. Aber wir fügen dem angeführten Worte hinzu:

»Der notwendige Schutz für diesen Boden ist eine einsichtsvolle Gesetzgebung!«

Basaltkegel) als wichtige Erwerbsquelle für eine Gemeinde in Betracht kommen könnten. Vgl. Frhr. v. Biegeleben bei Oechelhäuser, Denkmalpflege I S. 148 fg. Für den Standpunkt Oldenburgs vgl. die Begründung zum Oldenb. DG. (o. II [3]) S. 14.

[17] Oldenb. DG. §§ 17, 23.

[18] Daß im Falle der Entziehung des Eigentums (und in den ihm gleichgestellten Fällen, in denen der Verfügungsberechtigte die Übernahme durch den Staat verlangen kann) Ersatz geleistet werden muß, bedarf keiner näheren Belege. Vgl. hierfür o. V [21, 22, 23].

[19] Preuß. AusgrabG. §§ 8, 13 ff. (Begründung S. 14 ff., das Herrenh. hat in § 8 Abs. 3 »als Entschädigung ist Ersatz des gemeinen Wertes des Gegenstandes zu leisten« das gesperrt gedruckte Wort eingefügt. Vgl. dazu o. V [33]), Württ. DG.E. Art. 8.

[20] Polenz in der Zeitschr. »Die Denkmalpflege«, 5. Jahrg. 1903 S. 17.

Printed by Libri Plureos GmbH
in Hamburg, Germany